图书在版编目（CIP）数据

广西体坛十大风云人物/容小宁主编.—南宁：广西人民出版社，
2010.5
ISBN 978-7-219-06983-7

Ⅰ.①广…　Ⅱ.②容…　Ⅲ.①运动员—生平事迹—广西　Ⅳ.
①K825.47

中国版本图书馆CIP数据核字（2010）第081607号

策　　划　李武斌
责任编辑　李带舅
排版制作　南宁市骄艺策划设计有限公司

广西人民出版社出版发行
（广西南宁市桂春路6号　邮编　530028）
网址　http://www.gxpph.cn
深圳市彩雅印刷包装制品有限公司 印刷
1/16　787mm×1092mm
13印张　247千字
2010年5月第1版　2010年5月第1次印刷
ISBN　978-7-219-06983-7/K·1278
定价：85.00元

"巅峰·辉煌"广西体育十大系列丛书
编委会

目 录

目 录

序

　　广西在国际上有一定影响力的行业品牌尤其是界别名人可能不多，但体育似乎例外。被誉为"体操王子"的李宁，1984年在洛杉矶第23届奥运会上独揽3枚金牌和1982年第6届世界杯体操赛上狂揽6块金牌及其在世界性体操比赛生涯中共获14项冠军，成为亚洲唯一入选20世纪25位世界最杰出运动员和被列入国际体操联合会设立的国际体操名人堂堪称中国体育第一人，退役后又创建响亮的"李宁运动服"品牌蜚声中外，创造了前所未有的非凡业绩，至今仍无人能及。号称"东方大力神"的吴数德，在洛杉矶第23届奥运会上摘取男子举重56公斤级总成绩金牌并先后获4次世界冠军、3次打破举重世界纪录、6次打破举重世界青年纪录、5次被评为全国十佳运动员、5次获国家体育运动荣誉奖章，成为广西第一位奥运会冠军和中国第一位举重世界冠军而遐迩闻名。还有获汉城第24届奥运会乒乓球男子双打金牌的韦晴光、亚特兰大第26届奥运会举重男子59公斤级总成绩金牌的唐灵生、雅典第28届奥运会跳水女子双人跳台金牌成为广西首位女子奥运会冠军的李婷、北京第29届奥运会举重男子85公斤级总成绩金牌并实现中国男子举重大级别项目奥运金牌零的突破的陆永，这6位奥运会金牌得主，可谓是广西在国际体坛上声名显赫的时代风云人物了。

还有，广西第一位乒乓球世界冠军获得者并唯一有幸得到毛泽东、邓小平、江泽民三代领袖接见握手的梁戈亮，广西首位游泳世界冠军且打破女子200米个人混合泳世界纪录并保持该项目世界纪录达11年之久的吴艳艳，广西女子体操项目首位世界冠军并被国际体操联合会命名为"莫氏空翻"首创者的莫慧兰，与队友合作蝉联第13届和第14届尤伯杯羽毛球赛女子团体冠军以及第7届和第8届世界羽毛球锦标赛女子双打冠军的农群华，他们在举重、体操、乒乓球、跳水、游泳、羽毛球等出类拔萃表现的超人意志、谋略胆识和亮丽成绩，凸显了广西竞技体育的优势强项。这十大风云人物是广西60年来300多位攀登体坛巅峰共夺取8枚奥运金牌、162项次世界冠军、222项次亚洲冠军（含66枚亚运会金牌）、1000多项次全国冠军（含76.5枚全运会金牌）英雄群体的杰出代表，他们的精彩人生载入了共和国波澜壮阔的现代化建设和改革开放的光辉史册，他们的荣光闪烁在亿万瞩目的奥林匹克旗帜和攀登体坛巅峰的丰碑上。他们熠熠生辉的名字，也成为我们编纂出版《广西体坛十大风云人物》这本书的经典主角。

在新世纪新阶段战略机遇期年代转换关头的历史时空点上，广西体育局启动编纂出版《巅峰·辉煌：广西体育十大系列丛书》的工作，旨在总结交流并承传弘扬广西体育发展60年来特别是改革开放30年来取得的成就经验，彰显广西体育拼搏向上、自强不息的精神底蕴，让典型范例镌刻在广西体育发展的史册上，成为一份丰厚的宝贵遗产启迪后人，激励广西体育界不断勇攀高峰，推动全民健身以加快群众体育蓬勃兴起，打造优势强项以加快竞技体育再度崛起，培育特色品牌以加快体育产业后发奋起，促进广西体育又好又快发展，实现重振广西体育雄风的奋斗目标。

在建设富裕文明和谐新广西的新形势下，广西壮族自治区党委、政府正在致力把我区建设成为国际区域经济合作新高地、中国沿海经济发展新一极的宏伟目标，大力促进体育与经济、社会、文化、旅游的融合及互动发展。实现这一宏伟目标的关键前提是，必先要培育涌现出各行各业众多的优秀人才尤其拔尖领军人才群体，这无疑是广西加快发展超越崛起的核心支撑力量。不言而喻，培育锻造大批的拔尖领军人才，对体育发展来说尤为紧迫而极其重要，也是广西体育续写辉煌的先决条件。我们深知，广西竞技体育与全国先进省市相比，仍有相当大的差距，尤其是拔尖领军人才匮缺以及后备优秀人才培养储备不足，多年来成为广西竞技体育崛起的瓶颈。编纂出版《广西体坛十大风云人物》一书，其目的就是要进一步唤起全社会对大力培育广西竞技体育优秀人才特别是拔尖领军人才的更大关注和更多尊重，给予更热心的帮助和更有力的支持，培育锻铸出更多世界级顶尖体育人才，激发八桂体坛健儿在国内外体育比赛中获取更多的金牌，为不断增强广西体育核心竞争力、重振广西体育雄风作出积极的贡献。

是为序。

容小宁

2010年4月29日

无限风光在巅峰

——广西竞技体育群星璀璨

容小宁

那是令人激动的岁月。

公元1984年。盛夏。美国洛杉矶。第23届奥林匹克运动会。广西有10名运动员入选中国体育代表团，参加体操、举重、跳水、手球、水球5个项目比赛，共获金牌4枚、银牌2枚、铜牌4枚，第6～8名4项，实现广西运动员在奥运会历史上金牌零的突破。其中，体操运动员李宁一人获得6枚奖牌（金牌3枚、银牌2枚、铜牌1枚），成为本届奥运会获奖牌最多的运动员；举重运动员吴数德获男子56公斤级总成绩冠军，体操运动员陈永妍、黄群、明桂秀获女子团体铜牌，跳水运动员李孔政获男子跳台铜牌，手球运动员朱觉凤获女子手球铜牌。在中国代表团各省、自治区、直辖市运动员中，广西运动员获金牌总数（4枚）、奖牌总数（10枚）均列首位。

中国沸腾了，广西沸腾了，中国首次进军奥运会狂揽15金广西竟独占4枚，这是广西竞技体育最辉煌的巅峰时期。

李宁和吴数德等广西奥运健儿回到南宁，南宁市万人空巷，数以十万计热情的市民自发地聚集在欢迎奥运英雄归来的大路两旁，万众瞩目人头攒动，大家争先恐后要亲眼目睹奥运英雄的风采，欢呼声掌声四起，锣鼓喧天，鞭炮轰鸣。首次迎奥运英雄胜利凯旋，南宁人万众欢腾欢天喜地竟像过年一样热烈和欢乐。

这就是竞技体育的魅力。竞技体育与民族荣辱密不可分。广西运动员以一个中国人的自豪荣耀和崭新形象在奥林匹克竞技场上进行了最精彩的亮相。

从1984年至2008年，广西先后有运动员67人（次）入选中国体育代表团参加第23～29届夏季奥运会，共有6人在体操、举重、乒乓球、跳水项目比赛中获金牌8枚，7人（次）获银牌8枚、12人（次）获铜牌10枚，获第4至8名22项。其中诸多"第一"闪烁的亮点，凝固成为广西体育史上彪炳史册的永恒经典：除了吴数德和李宁在1984年第23届洛杉矶奥运会上给人以荡气回肠的震撼外，1988年的第24届汉城奥运会，韦晴光与四川选手陈龙灿合作，夺得了一枚弥足珍贵的男子双打金牌，这对当时史称"兵败汉城"的中国代表队来说，不啻是一曲"摧锋于正锐，挽澜于极危"的绝响。1996年的第26届亚特兰大奥运会，举重运动员唐灵生以307.5公斤的总成绩获得男子59公斤级男子举重金牌，成为中国第一个在奥运会上打破世界纪录的运动员。2004年的第28届雅典奥运会，跳水运动员李婷与广东选手劳丽诗合作获得女子双人跳台金牌，成为广西第一位女奥运会冠军。2008年的第29届北京奥运会，陆永以394公斤的总成绩获得男子85公斤级举重金牌，这也是中国举重队在举重大级别项目上的第一枚奥运会金牌。

广西体育健儿在历届夏季奥运会上取得了优异成绩，获金牌人次与上海并列全国第11位。广西体育局多次获得国家体育总局授予奥运会突出贡献单位称号。

回顾新中国成立以来广西体育60年的风雨兼程，掂量着300多位攀登体坛巅峰共夺取8枚奥运会金牌、162项次世界冠军、222项次亚洲冠军、1000多项次全国冠军的那份荣誉和荣耀，追溯那些激动人心的体坛盛事，不难发现，广西体育事业取得的辉煌业绩，始终伴随着张扬激流勇进、顽强拼搏、同心同德、勇攀高峰的中华体育精神。

广西举重队是一支长盛不衰的队伍，除了大名鼎鼎的吴数德、唐灵生、陆永三位奥运金牌得主外，自20世纪60年代以来，肖明祥5次打破世界纪录之后，先后涌现谭汉永、谭伟雄、粟景阳、肖明林、张寿烈、张载荣、林启升、杨斌、陶闯、肖建刚、张祥森、岑彪、兰世章、李争、丘乐、谭汉东、张寿烈、黄冬娜（女）等一批威震中外举坛的大力士。在这批举坛英雄群体中，有中国唯一举起比自己体重重三倍的世界冠军兰世章，有1997年获第68届世界男子举重锦标赛64公斤级挺举和总成绩两枚金牌的肖建刚，有1993年、1997年两届世界举重锦标赛54公斤级抓举冠军的杨斌，有1995年第67届世界男子举重锦标赛获得挺举和总成绩两金、亚特兰大奥运会54公斤级银牌的张祥森，有连获第63、64届世界举重锦标赛52公斤级抓举冠军并打破该级别世界纪录还6次获全国冠军的张载荣。有2005年在多哈第74届世界举重锦标赛上获男子62公斤级挺举和总成绩2项冠军、2006年在多米尼加第75届世界举重锦标赛获抓举挺举及总成绩3枚金牌并先后获4次亚洲冠军10项全国冠军的丘乐，有2005至2007年蝉联第74、75、76届世界举重锦标赛获男子56公斤级抓举4枚金牌并7次获得全国冠军的李争。至2008年，男运动员有18人获国际级运动健将、71人获运动健将称号。男队在小级别比赛中屡建奇功，获奥运会金牌3枚、银牌3枚、铜牌1枚，世界锦标赛金牌23枚，世界杯赛金牌1枚，打破世界纪录3次，平世界纪录1次，获亚洲冠军43次，打破世界纪录25次；打破世界青年纪录10次；获全国锦标赛团体冠军6次，全国比赛金牌105枚（含全运会金

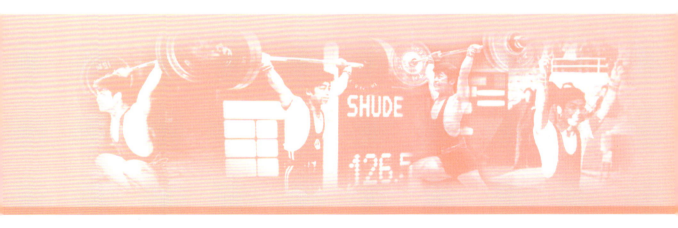

牌12枚），打破全国纪录71次，1979年被国家体委（今国家体育总局）授予勇攀高峰运动队称号，1994年被国家体委评为全国体育系统先进单位，1996年、1997年、2006年分别被自治区人民政府记集体一等功。女队队员邓惠洁分别在2003年、2005年两次超63公斤级挺举世界纪录，并在2005年第10届全国运动会上超63公斤级总成绩世界纪录，获十运会组委会授予一级运动奖章，他们为中国举重事业作出了巨大的贡献。

　　广西体操队是一个战绩赫赫令世人瞩目的优秀群体，李宁毫无疑问为最杰出的代表，他的体操生涯共获得106枚金牌，其中14枚世界冠军，92枚全国及洲际冠军，荣登中国优秀运动员队伍榜首；其独创的"吊环李宁摆上"、"吊环李宁正吊"、"鞍马李宁交叉"、"双杠李宁大回环"四个动作被国

与第10、11届亚运会田径比赛女子4×100米接力冠军，获第11届亚运会田径女子100米冠军，先后获全国冠军17个，打破亚洲、全国田径纪录各7次和14次，被称为"亚洲女飞人"，获国家体育运动荣誉奖章与全国三八红旗手、自治区劳动模范称号。肖业华先后获第9届、11届亚洲锦标赛与第7全运会田径女子4×100米接力冠军，获全国冠军9个，打破亚洲田径纪录2次、全国纪录6次，获国家体育运动荣誉奖章和全国三八红旗手、自治区劳动模范称号。男子田径方面，林涛早在1957年就为广西夺得第一枚男子200米全国冠军，冯振仁多次获得男子100米、200米全国冠军，宋贤志在第四届全运会上获得男子400米冠军，并打破全国纪录，陈文忠可称为中国飞人，多次打破全国百米短跑纪录，林伟拿过男子100米亚洲冠军，严剑葵获得亚洲田径锦标赛女子100米和200米两枚金牌。女子中长跑项目，刘淳冰先后6次打破800米全国纪录。广西田径的优势项目是接力赛，男子4×100和女子4×100米接力赛稳居全国先进行列，多次获得全国冠军和亚洲冠军。冯志华、李汉祥、黄园、罗良生、周珑生、李甲强、曹利灵、龚伟、庞桂斌、张园、孔庆云、陈小丽、黄伟

蝉、龙文富、林涛、高艳清、黄佩兰、潘师兰、黄秋艳、曾玉带、潘卫新、黄梅、陈学慧、丘林、符亚东、梁东伟、李明辉、陈艳春、黄秋燕、欧燕兰、谢冰、黄秋菊、韩玲、梁秋萍、何颖等一大批田径好手活跃在各个不同时期的国内外田径赛场上，截至2006年，累计获世界冠军1项（2人次），亚洲冠军23项，全国冠军119项（含全运会冠军18项），先后有14人获国际级运动健将、42人获运动健将称号，实现了广西在这个项目上的群体性突破。

广西技巧队被誉为世界冠军的摇篮。1981年9月在瑞士举行的第3届世界技巧赛上，何继东、梁建坤、林远向、陈铁组成的男子四人项目和由曾建华、印武组成的女子双人项目，共获得3枚金牌，打破了苏联运动员连续8年垄断世界技巧金牌局面。1989年由颜伟霞、侯卿、莫雪琼组成的女子三人项目，在

第7届世界杯技巧赛上获得1枚金牌，填补了我国在这个项目上世界冠军的空缺。1993年在保加利亚第10届技巧世界杯赛上，熊春玲、张瑕获女子双人金牌。1999年在比利时第16届世界技巧锦标赛上，刘霞、魏鹤、王聪获女子三人金牌。截至2006年，广西技巧队获得世界冠军7项、亚军10项、季军19项，亚洲锦标赛金牌4枚，世界青年锦标赛金牌3枚，全国冠军104项（含全运会冠军6项）。获得世界冠军的运动员有何继东、梁建坤、林远向、陈铁、曾建华、印武、颜伟霞、侯卿、莫雪琼、熊春玲、赵刚、张瑕、刘霞、魏鹤、王聪、潘伟湘、曾国清、霍次军、余建军共18名运动员教练员被国家体育总局授予国家体育运动荣誉奖章。

广西射击队也有过不俗战绩，陆瑞珍1987年在委内瑞拉世界射击锦标赛和北京亚洲射击飞碟锦标赛中获女子飞碟多向团体冠军，成为广西第一个射击世界冠军和亚洲冠军。杨东明2005年在世界杯汉城站射击比赛中获男子标准手枪速射60发金牌，并创造2项世界纪录，成为广西第一位射击世界纪录创造者，同年在世界杯德国站射击比赛中，再次打破该项目世界纪录。覃艳波与

队友代表中国队获2006年亚洲射击飞碟多向75靶团体冠军。还有于秋萍、倪杨、何超美、梅春、曾桂华、蓝刚、张程、区仪、董志雄、黄洪、龙明蛟、王蔚、罗素丽、覃智玲、李玲、廖云、陈力、吕坤、覃艳波、陆星好等神枪手一起，为广西射击队共获得世界冠军1项，世界青年冠军1项，亚洲冠军4项，全国冠军21项，有2人4次打破4项世界纪录，1人1次打破亚洲纪录，11人17次打破15项全国纪录，先后有2人获国际级运动健将、35人获运动健将称号。

广西射箭队已进入全国强队行列，黄永和获1997年第8届全运会男子个人金牌，是广西第一位射箭全运会冠军；黄忠胜1990年在全国室外射箭锦标赛上以男子单轮1266环的成绩获金牌，1991年在同一赛事上打破男子90米单轮项目全国纪录，成为广西第一位射箭全国冠军和打破该项全国纪录的运动员

界纪录。钟洁瑕亦赢得了多枚世界比赛金牌和获5次亚洲冠军、5次全国冠军。岑金龙2008年在莫斯科第3届世界杯蹼泳总决赛有2金进账、6次获亚洲冠军、11次拿了全国冠军，同时，蒋新初、梁耀月也在这届比赛中有金牌进账。还有黎海心、余潜、李秋兰、卢勇、李峰等蹼泳好手，广西蹼泳队不愧为一个团结上进成绩突出的优秀群体。

广西水球队先后9次获得全国冠军，被广西壮族自治区人民政府记集体一等功3次。李鉴明、邓军、黄龙、文凡相继代表中国水球队参加第23、24届奥运会。李鉴明、张华光、廖一平、彭百凌、邓军、黄龙、林军、郑勇先先后代表中国水球队，分别参加第8～11届亚运会，并获得冠军。黄龙、文凡先后代表中国水球队，分别参加第3、4届亚洲水球锦标赛，并获得冠军。女队建队晚，起点高，以快速、多变、凶狠打法为主，2003～2006年连续4年获全国女子水球锦标赛亚军。先后向国家男、女水球队输送优秀运动员34名，分别有40多名男运动员和9名女运动员获运动健将、2名女运动员获国际级运动健将称号。

此外，广西摔跤队、广西柔道队、广西拳击队、广西散打队、广西跆拳道

队、广西手球队、广西足球队、广西网球队、广西排球队、广西篮球队、广西帆板队、广西无线电测向队等也曾经为广西竞技体育的发展和辉煌作出积极的贡献，涌现出不少优秀的运动员。其中，广西无线电测向队的周耀东1985年就获第22届世界自由飞模型锦标赛团体冠军，1987年在法国获第23届自由飞模型锦标赛综合团体冠军；该队先后获得6次全国冠军；曾昭仪1989年代表中国队在阿根廷的第24届世界自由飞模型锦标赛获得单项团体冠军，以及易善军、周贤德、李征宇、李玲玲、张红武、庞海萍、谭顺天等多名队员在国内外比赛中都取得过不俗的战绩。

广西体坛健儿在世界各大赛场上取得的一枚枚金牌，一次又一次地让五星红旗高高升起，一次又一次地让雄壮的中华人民共和国国歌回荡在浩浩苍

穹。他们的辉煌业绩，一再向世界展示中国的崛起；他们的雄姿英发，一再向中国乃至世界展示了八桂儿女奋起的力量。

广西竞技体育屡创奇迹，彰显着一个经济欠发达省区体育事业奋勇前行跨越发展的豪迈和精彩。

广西竞技体育的辉煌，是在广西壮族自治区党委、广西壮族自治区人民政府领导下，深入贯彻落实党中央国务院关于发展体育各项方针政策，不断推进体育改革创新，探索实施符合广西自身实际的"灵、小、短、水"优势发展战略的结果；是广西各级竞技体育管理部门坚持严格要求，严格管理，从难、从严、从实战出发，大运动量科学训练，深入研究竞技体育的发展规律、运动项目的制胜规律、体育竞赛的备战参赛规律、运动队伍的管理和训练规律等，密切关注和分析世界竞技体育发展的动向和趋势，注重备战情报信息的收集，重视对国内、国外先进训练经验的总结、整理和借鉴的结果；是努力建立有利于充分发挥各方面积极性的奥运争光激励机制，逐步实现优秀运动队训练、科研、医疗、教学一体化，加强竞技体育队伍建设，注重培

养拔尖领军人才的结果；是全体教练员、运动员爱岗敬业、团结协作、艰苦奋斗、拼搏争先，树立为广西争荣誉、为祖国争光的结果。广西竞技体育的辉煌给我们的一个深刻启示是，竞技体育的关键尤其要格外注重人才队伍的培养，人才队伍的培养关键在于锻铸一批拔尖领军人才，拔尖领军人才的大量涌现关键在于建设一支高水平、高素质、高效率的优秀教练队伍。

辉煌属于过去，更昭示着未来。

站在新的历史起点上，重振广西体育雄风的号角已经吹响。在攀登广西竞技体育巅峰的征途上，培育锻铸新一代体坛风云人物已提上战略高度克难攻坚。

让群星璀璨，为了更大的辉煌……

李宁

LININGTICAOWANGZI
ZHANGSHENCAI

体操王子彰神采

那 时，是柳州的盛夏，酷暑炎炎如火炉，躲在榕树下满身是汗的父亲，看着小李宁在沙坑里练侧身翻，侧手翻，空翻什么的，一套又一套，翻来覆去的折腾，不禁心头热血涌起，快步奔到那个学校运动场跳高跳远用的沙坑，把像个小泥猴似的小李宁提将起来，又心疼地搂住孩子，说："这些是从哪学的？"孩子颇得意地仰着头说："我自己学的。"

小李宁的父亲是一位中学音乐老师，母亲是图书馆管理员，三个小孩，两男一女，排行老二的小李宁从小就爱唱爱跳，喜欢表演，模仿能力特别强，父母亲都希望他在音乐方面有所发展。可是，小李宁每次放学回到家里，趁父母不在，就把棉被拖到地上当垫被，翻跟头呀，倒立呀，练个不亦乐乎。这一天，小李宁放学回家，父亲发现他一身沙土，衣服还有一个大破洞，以为跟人打架，想问个究竟，可怎么耐心地问，倔犟的小李宁就是不说。

　　没有人比当父母的更了解自己的孩子了，儿子着魔似的痴迷体操，父母亲虽然希望孩子搞音乐什么的，但孩子不喜欢，没有办法，只能将就他吧。孩子既然喜欢体操，总不能让他老是偷着学，自个儿练吧，于是父亲跟学校体育老师说情。这样，儿子成了学校一名"编外队员"，也是该校年纪最小的队员。

　　那年，小李宁才七岁。

　　这一年，广西体操队的教练从南宁来到李宁的小学挑选运动员，教练计划从三年级的学生当中挑选，这个年龄段的学生最适合练体操。李宁还小，自然不在教练挑选范围之内。眼见高年级的学哥学姐们一个个非常努力地翻腾跳跃倒立翻跟斗，学哥学姐们竭尽全力地表现，说明自治区队专业队是所有体操学员心目中很向往很渴望要去的地方；可是教练挑剔的眼光始终很平静，没有任何表示。在编的正式学员都表演完了，没有一个能进入教练的法眼。小李宁茫然了，那么多训练时间比自己长、学会的动作比自己多的学哥学姐们无一人被区专业队教练选上，由此可见想进入专业队太难了；可到底有多难？他想试一试，可他只是"编外人员"呀，一不是在编学员，二不在挑选范围内；这不是那不是，就连表演一下也不行吗？小李宁一脸的跃跃欲试摩拳擦掌不服气的神态被眼睛犀利的教练发现了，教练微笑着问："你想试一试？""想。"李宁毫不犹豫地说。"你会什么动作？""我会翻跟

　　2007年6月25日，曾经多次为中国运动员颁发奖牌的国际奥委会终身名誉主席萨马兰奇先生意外地得到了一块由李宁公司为他特制并颁发的名誉顾问金牌，金牌上刻着"我们尊敬的老朋友"

亚布加勒斯特第11届世界大学生运动会上，李宁拿了自由体操、鞍马两枚金牌。自此，他开始创造一个全盛的李宁体操时代。1982年，在强手如林的南斯拉夫萨格勒布第6届世界杯体操赛上，李宁耀眼的星光出现了，耀眼的星光如此强劲：他横扫千军如卷席，一气接连将自由体操、单杠、跳马、鞍马、吊环、全能6枚金牌囊入怀中，双杠也拿了一枚铜牌，成为世界体操史上第一位取得如此惊人好成绩的运动员。虽然他没能像孙悟空那样一个跟斗翻十万八千里，那毕竟是小说里的神话，他却实实在在地在全世界媒体和观众面前创造了世界体操史上空前的神话：一次比赛中七个项目的六项冠军，一项第三。试想，要打破李宁这个纪录，只有两种情况，一是七项冠军，二是六金一银。所有了解体操赛事的人都懂得，那太难太难了，几乎是不可能的。所有的体育人都承认，李宁制造了一个空前绝后的神话。

这一年，李宁19岁。19岁的李宁意气风发地书写了中国体操史上最辉煌的篇章，缔造世界体操史上前无古人的惊世神话，当之无愧地被世人誉为"体操王子"，大踏步走进了光辉灿烂的李宁时代。

1984年，第23届奥运会在美国洛杉矶举行，这也是中国体育军团首次组团参赛的世界体育盛会。中国体育军团首次参赛，世界各地关心中国体育的华人都汇聚洛杉矶。那届奥运会男子体操赛场，李宁一出现，整个看台上立刻响起雷鸣般的掌声，住在美国的华人，聚集在洛杉矶的世界各地的华人，都热切希望李宁夺冠，为中国、为全世界华人夺取奥运会金牌。华人们大都认为，李宁夺取金牌之日，就是我华人们扬眉吐气之时，这就是同根同种同源的世界华人情结。凭着超人的技术和

李宁在世界杯体操比赛中获全能冠军(1982)

坚韧的毅力，李宁生生在高手如林的奥运赛场上夺取了三金两银一铜！李宁一个人获得的奖牌接近中国代表团总数的五分之一，也是该届获奖牌最多的运动员，被誉为"力量之塔"，"使人倾倒的巨人"，他的杂技一样美的动作，充满灵性出神入化般的表现征服了裁判和观众，征服了洛杉矶，真正的傲视当今世界群雄王者风

李宁与启蒙教练梁文杰在一起(1984)

范！"体操王子"神话还在继续，在开心地书写着现代世界体坛最美丽的神话。那一刻，李宁给无数华人带来美的享受和骄傲的愉悦。

那时，李宁对奥运会的真实感受"让心灵去尽情感受奥运赛场的每分每秒，参与就是幸福，这就是我心目中的奥林匹克"成了无数李宁"粉丝"永久不忘的记忆，"参与就是幸福"成了那个年代鼓励无数年轻人向奥运会发起冲击、向命运挑战、向时代宣战的动力源泉。

光芒四射的李宁时代，李宁的耀眼无与伦比，叱咤风云雄峙五洲，他在国内外重大体操比赛共囊括了106块金牌，其中全国冠军洲际冠军92枚，世界冠军14枚。意气风发作风硬朗斗志昂扬的李宁，享尽荣光，连续四年当选全国"十佳运动员"，1985年世界"十佳男子体操运动员"，解放军总政治部一等军功奖章，共青团中央授予"新长征突击手"称号，广西壮族自治区人民政府授予特等劳动模范。随后，他入党，当选全国人大代表，担任国际奥委会运动员委员会委员，无限荣光，无限风光，满脸阳光俊朗的李宁是全国人民心目中的明星偶像，鲜花，掌声，镁光灯，还有五星红旗，国歌，始终伴随着他，当然还有不太为人所知的流不尽的训练汗水，始终治不愈的伤病。

1986年第七届世界杯体操比赛，李宁夺取男子全能、自由体操、鞍马三项世界冠军之后，他就萌生退意，申请退役了。从1970年加入广西体操队开始，李宁已经征战16个春秋了，奋战多年，他太累了，一直伤痛缠身。他制造前无古人的佳绩：独创动作"吊环后悬垂前摆上接直角支撑"、"吊环支撑后翻经后悬垂前摆上成支撑"、"鞍马正交叉转90度经单环起倒立落下成骑撑"、"双杠大回环转体180度

李宁与台湾起义飞行员黄植成握手(1982)

李宁与著名演员田华在一起(1981)

成倒立"被国际体联分别命名为"吊环李宁摆上","吊环李宁正吊","鞍马李宁交叉","双杠李宁大回环"。一名运动员有四个创新动作被国际体联冠以命名,太了不起了,贡献巨大。李宁不是文学作品神话故事里无所不能的孙悟空,他创造的动作却比孙悟空多得多,美得多。吴承恩在写那部浪漫非凡的大作、创作国人非常喜爱的爱憎分明的孙行者孙大圣时,明朝时代的吴大师根本想象不到人的身体能够翻滚跳跃出这么多令人眼花缭乱赏心悦目的动作。战果累累,战绩辉煌的同时,李宁站在巅峰之处已经六年了,即使是英雄,也不可避免英雄迟暮,他过了鼎盛期了,运动巅峰期正悄然离去,该急流勇退、见好就收了。

然而,1988年汉城奥运会在即。中国体操队缺少领军人,国家队青黄不接,需要以老带新的时候,责无旁贷,李宁无法推托,只有服从,只能接受征召。

那个年代,人们物质和精神生活相对匮乏,观赏运动比赛成为大多数人无可替代的娱乐方式之一。四年前的洛杉矶奥运会,中国体育军团和李宁创造的佳绩和制造的神话给国人留下太多太深太美好难以忘怀的形象了,那一届太顺利了,以致1988年时的国人普遍轻松地以为,汉城奥运会中国军团将会重铸辉煌。

现实从来就不眷顾那些准备不充分、仓促决定、草率上阵的人,即使曾经是最伟大的运动员,最优秀的教练;现实同样不眷顾那些盲目乐观盲目自信的人,即使参赛的选手是你的同胞、老乡、兄弟姐妹、亲人,竞技比赛,什么意外都有可能发生,你的亲情情感情谊帮不上忙。

汉城奥运会开始了。中国体育军团的将士们纷纷落马一路溃败。坐在电视机前的热盼热望的中国观众坐卧不安了,人们想不通,怎么会这样呢?李宁出场了,人们还是燃起希望,他是全国人民心目中的偶像,人们盼望"王子"将神话继续,给他们带来欢乐和美的享受。然而,25岁的李宁已经不是四年前的李宁了:跳马失败跌坐在地，从地上爬起来，李宁脸上还是微笑；吊环比赛，他居然失手从吊环上摔了下来。偶像猝然跌落，那一刻，时间为之凝固了，一座丰碑轰然倒塌！人们目瞪口呆，几乎没有人相信眼前的事实，做梦也想不到会出现这种意外啊！中国体育军团兵败汉城已成事实，即使体操王子李宁也不能幸免。

太重的厚望必然会带来更大的失望。李宁回国后，失望的国人谴责信像雪片一样飞来，甚至还有人寄来刀片、绳子，甚至死亡的威胁。我们的国人就这么可爱，李宁拿了冠军，他们为之欢呼欢笑；李宁败了，同是这些人，他们毫不吝啬地送来刀片、绳子、谩骂，锦上添花是他们，雪上加霜落井下石也是他们。

1988年12月16日，深圳体育馆。"体操王子"李宁以一曲《难说再见》，宣布退出体坛。叱咤风云时的阳光李宁，极少公开流泪，可是此时，在数万人面前，泪水模糊了他的双眼，李宁掉眼泪了，心中委屈太大了。许多热爱李宁的人也泪流满面，唏嘘不已。伤感吗？伤心吗？106块熠熠生辉的金牌，14次在世界体操比赛中夺得冠军，每一块金牌都像一个跟斗十万八千里那样在国际体坛上风光无极限尽潇洒，每一块金牌都让国人笑逐颜开无比自豪；洋洋洒洒106次冠军啊，为国人争得多少荣耀多少喜悦啊！就是一次无奈的失败，我们的国人竟然就如此让李宁黯然离开他为之奋斗了18年之久的体坛，让黯然神伤的李宁以这样的方式地步入一个陌生的领域。

体坛啊，再见难啊，怎么舍得跟你再见呢？毕竟体育是体操王子梦想成真极尽风流之地；再见难，也难再见了，体坛同样也是这位神童、天才伤心之地，当一切辉煌壮举都成为过去，梦醒之后，心碎无痕。

李宁、吴数德奥运会凯旋，南宁数千群众夹道欢迎（1984）

李宁在跳马比赛中

奖，那种感受特别深刻：总不能让中国的世界冠军身着质量很低的国产服装登上最高领奖台吧？用李宁自己的话是"当了这么多年运动员，都没穿过中国品牌，而中国品牌很让人瞧不起"。

国产的运动服在世界服装界里，真的是太落伍了。我们的着装还处于结实、耐寒阶段，别人早就追求时尚、性感、品位，这些很多国人根本还不知道怎么回事的东西。那时，解决温饱奔小康作为全国人民很实在的奋斗目标，穿得暖尚未解决，怎能苛求国人理解什么时尚、性感、品位？肚子饱还须努力，又怎能要求国人去追求吃出品格情调，吃出美容时尚，吃出健康长寿？当运动员的李宁没穿过中国品牌，不是不想穿，是中国没有有品位的运动服。离开竞技场，李宁的意识里就有一个新的追求，他知道中国的运动员没有一人愿意穿外国的服装登上世界冠军的领奖台去领奖；他还知道，中国所有的体育运动的爱好者更没有人不愿意穿中国制造的运动服装。缘于这种意识，李宁公司开创了中国体育用品品牌经营的先河。

无独有偶，欧洲很多年前有一个人，太喜欢跑步了，因而很下一番工夫研究怎样跑得更舒服一点，结果跑鞋诞生了，由此又引发一个国际品牌的体育用品

李宁在鞍马比赛中

公司诞生。李宁亲身经历外国人对中国运动服的蔑视，由此生发创建一个中国体育运动品牌的梦想，这种梦想起点当然不低。

源于体育，用于体育，没有人比李宁更确切了解这种精神；推动中国体育事业，让运动改变我们的生活，大概也没有人比李宁更深刻理解从运动员情怀到运动员使命感的角色转换，正是由于亲身经历，他太理解运动让人自信，运动让人励志，让人发挥潜能，用这样的品牌观付诸实践，李宁聪明地发挥著名运动员形象的牵引力感召力，李宁公司很快成为中国体育用品行业的领跑者。或许，李宁还肩负着一种含义，即外界对中国体制运动系统的最大指责，这些挑剔老是喋喋不休地说，中国体育的成功是倾国家之力培养的结果，并不培养运动员体育竞技之外的生存技能，这使得我们的运动员离开体育系统之后一事无成。这类指责挑剔是否成立，李宁是中国最有名的运动员，他离开了赛场的去向，更值得人们关注。因而，李宁不管做什么，都只能成功，不能失败。

1992年，巴塞罗那奥运会，"李宁牌"被选为中国体育代表团专用领奖装备，从而结束了中国运动员在奥运会上穿着国外体育品牌服装的历史。当中国的运动员身着自己亲自创建、培育和经营的"李宁牌"运动服出现在奥运会开幕式上时，李宁激动地流下眼泪，用李宁自己的感觉，是"那一刻，我体会到人生的最大荣誉，那种成就感超过了我以前所获得的所有奖牌的总和"。

是的，巴塞罗那奥运会是个里程碑，中国运动员穿国外品牌服装参加奥运会的历史从此结束了。这个具有时代意义的终结说明，"李宁牌"不仅替代了国外品牌，而且"李宁牌"运动服的设计、工艺、用料、风格等水平已经不亚于国外品牌。

从运动饮料到运动服装"李宁牌"，李宁尽管经营才两三年，1992年，"李宁牌"运动服已经后来者居上，迅速接近或者达到世界服装界的一流水平。

　　这是一个扬眉吐气的飞跃。最直接受益的是：身穿"李宁牌"运动服装的师弟师妹们从此不会在世界大赛的赛场上再遭遇蔑视的尴尬了，种种委屈耻辱不会再出现。从此，那种沉重的民族耻辱宣告永远解除！身穿"李宁牌"运动服的师弟师妹们，完全可以在世界大赛场上舒心惬意地施展你们的天赋才华，一流、时尚、极富中国元素的"李宁牌"运动服会忠诚地伴随你同创中国运动员的辉煌。

李宁在吊环比赛中

　　这是一个伟大的腾飞！贫穷落后是顽固难化粘贴在我们各行各业脸上一个很不光彩的标签，"李宁牌"则是大刀阔斧地以实际行动撕毁这种耻辱标志，在世界竞技体育大舞台上，让我们的体育健儿潇洒地率先展露充满中国元素美的风采。

　　李宁用自己的智慧和努力，填补了自己当运动员的遗憾，实现了他创建中国体育运动品牌梦想，那种成就感、荣誉感当然要比他当运动员的成就大得多。

　　商场如战场。对于李宁个人来说，是在体育赛场上老去，在商场上站起来，在商场上获得新生，在商战中雄起！太值得祝贺了。

李宁的商业悟性与他的运动悟性非常相似，商战频繁告捷，他没有忘乎所以，他知道这种增长与他的知名度和勤奋再加点聪明分不开，有的媒体乐意引用李宁的一段话"一个企业的成功和一个运动员夺冠颇为相似，很多时候，成功并不是经历苦难最多的，没有遇到让自己毁灭的灾难才能一直走下去"。可敬的记者们都会忠实地原话记录，而没有再动脑筋深入分析。其实李宁在此已经道出这种成功是初级阶段的好运气，有某种侥幸成分，而并非产品的自主研制开发能力、产品的质量与

李宁在吊环比赛中

科技含量、管理机制的先进。他仿佛天生是个很会管理的人，懂得知人善用，1992年，一批一流的专业人才加盟，给李宁公司注入了新鲜血液。这是一个巨大转变，这个转变意味着一个初级阶段家族企业正朝着全新型的现代企业迈进，它创造了1993年到1996年李宁公司营业额每年以100%的比例增长，1996年，李宁公司的收入达到6.7亿元的历史新高。

完美的奋斗人生，肯定会有完美的爱。1982年，新德里亚运会上李宁获得全能冠军被誉为"体操王子"之时，获得女子全能冠军是漂亮的梧州姑娘陈永妍，陈永妍被誉为"亚洲体操公主"。与王子最般配的当然是公主了。洛杉矶奥运会后，陈永妍公主退役，王子与公主的恋情公开了，人们才知道，两人是同乡，从孩提时代进入广西体操队后一直相伴，真正的让人羡慕不已的两小无猜，青梅竹马。李宁加盟健力宝时，陈永妍到美国创办李宁国际体操学院并出任总经理，正是退伍不退色，退役不退志，在遥远的异国他乡，陈永妍在艰苦奋斗。1993年，这一对相恋长达十年之久的金童玉女终于结成连理，王子的事业跨越式大步迈进，里面当然少不

了公主的大力支持。

美满的婚姻珠联璧合，李宁公司进入高速发展阶段，1995年，李宁公司就已经成为中国体育用品行业的领跑者。1998年，李宁公司在广东佛山建立中国第一个运动服与鞋的设计开发中心，这是一个了不起的转变，这是李宁充分认识产品的专业化属性是体育用品行业中竞争的基础，保持持久的品牌形象靠的是有自主开发能力和创新，意味着公司正朝着品牌国际化的目标阔步迈进。这一年，中国遭遇百年不遇的洪水灾害，李宁公司向江西、湖南、湖北等灾区赈灾600万人民币。

1999年，也是李宁个人荣誉到了顶峰的一年，他被世界体育记者协会评选为"二十世纪世界最佳运动员"，他的名字与拳王阿里、球王贝利、飞人乔丹等25位世界体坛巨星一道登上世纪体育之巅。

这一年，李宁当选共和国建国50周年"新中国体育50星"。

2000年，李宁被国际体联收录国际体操名人堂，成为中国运动员中第一个世界体操名人。

2000年，李宁公司成功赞助法国体操协会，李宁牌产品成为"法国体操队唯一比赛及领奖装备"。太有意思了，法国是发达国家，法国时装风靡全球，作为引领世界服装有悠久历史的国家，法国体操队居然愿意"屈尊"穿起不算发达国家的"李宁牌"运动服，这就说明，短短十年工夫李宁公司便不可思议地走完了从"追赶"到"追上"这个过程。从穿别人的品牌到让老牌的老外穿上我们自己的品牌，这个转变够大了吧？

2000年是龙年，中国体育代表团身着"李宁牌"运动服参加悉尼奥运会，别出心裁的"龙服"和"蝶鞋"让获得32金16银16铜的中国运动员们一次次登上领奖台，对龙浓厚敬意和对蝶特殊爱意的"龙服"、"蝶鞋"被各国记者评为"最佳领奖装备"。

李宁用行动实现了他的梦想：一切皆有可能！

2001年，中国跳水队身着"李宁牌"跳水服出征世界跳水锦标赛，这是国家队首次采用中国跳水服参加重大国际比赛。这也标志着

"李宁牌"成功地走向专业跳水领域。

2002年，李宁公司让西班牙女篮愉快地穿上"李宁牌"一体连身比赛服参加第十四届世界女篮锦标赛。

也是这一年，内蒙古、江西、陕西、云南、广西等地发生地震、洪涝灾害，李宁公司为灾区慷慨解囊捐赠物资价值达1000万人民币。

2004年2月，李宁公司与欧洲冠军西班牙男子篮球队、欧洲劲旅西班牙女子篮球队签约至2008年，这就意味着未来的四年里，这支世界篮球著名的男女球队将愉快地披上"李宁牌"的战袍出征各个赛场。这就是有卓识远见的李宁。

这一年，李宁公司在香港上市，这是大陆第一家体育用品公司在香港上市的公司。

李宁在奥运会领奖台上(1984)

李宁公司第四次赞助中国奥运代表团参加雅典奥运会，李宁公司精心为中国健儿设计的"锦绣中国"系列服装和"极光鞋"系列，在雅典赛场上大放异彩，李宁又一次与国际品牌的对决中吸引世界的关注。

2005年1月，李宁公司与NBA签约，成为NBA官方市场合作伙伴。

与此同时，李宁公司在西班牙、希腊、法国等欧洲国家拓展自己特许经销商，以品牌进入的方式征战欧洲市场。"李宁"正在品牌国际化的道路上快速而稳健前进。

2006年，李宁公司推出"李宁弓"减震科技。"李宁弓"是国内第一个运动鞋的研发科技成果，这标志着李宁公司运动鞋科技研发能力跻身世界领先行列。

北京奥运会不仅是体育以竞技比赛形式让人与人、团队与团队施展力和美的对抗，成为架起人与人、国与国沟通和友谊的桥梁，同样也是商场最残酷的竞争。2008年，"李宁"与世界体育巨头阿迪达斯、耐克的阻击战，在中国市场打响了。

在北京奥运会赞助商的竞争中，阿迪达斯凭借雄厚的财力优势胜出了。

然而，这并不意味着李宁的奥运战略成了死局。奥运会自始至终都是李宁最根深蒂固的情结。早在2006年，李宁便与中央电视台奥运频道签约，为所有主持人、记者量身打造专业服装，当年的多哈亚运会上，这种合作便已出现。因此，北京奥运会期间，李宁品牌的服饰通过央视奥运频道的转播节目主持人和记者出镜时频繁出现在亿万观众面前。这是一个漂亮的擦边球，足以视为奥运经济中最为经典的案例之一。

李宁公司又签下了阿根廷男篮，这支雅典奥运会男篮冠军将身披李宁战袍踏上北京奥运会男篮卫冕之路。

李宁在自由体操比赛中

此外，李宁公司赞助的中国传统优势的体操、射击、乒乓球、跳水四支运动队，在北京奥运会上，这四支李宁公司打造的"奥运代表队"拿下了27枚金牌，这些冠军队的能量足以让"李宁"的星光夺人眼球。

李宁公司还做了很多。在耐克、阿迪达斯等世界体育巨头增强进军中国力度的同时，李宁公司照样从容不迫地使出奇招出奇制胜，这一招被人称为中国式智慧。

2007年，李宁公司的市值迅速达到38.61亿美元，较2006年增长了137.9%。

2008年5月，汶川大地震，李宁公司向汶川地震灾区捐款1249万元。

2008年8月8日，世界的目光都放在北京。北京奥运会开幕式气派空前。谁来点燃北京奥运会最引人注目开幕式的圣火呢？中国优秀的运动员太多了，刘翔、李宁、许海峰、邓亚萍、郭晶晶等等，个个都是战绩辉煌可圈可点，谁是最优秀的呢？

开幕式点圣火开始了。人们清楚地看到了人到中年的李宁。李宁身穿家喻户晓的"李宁牌"运动服，手持火炬，在一路张开的史卷上奔跑，在高空做高难度动作，踏云飞天夸父逐日般的奔跑，他把中国对奥林匹克的梦想和艰辛的征途，把人类追求超越自己的奥林匹克精神，用如此完美、诗一般的画面演绎了出来。然后才从从容容地点燃了圣火。

"鸟巢"万众欢腾。这一瞬间，来自世界各国参加开幕式的贵宾及运动员都被这个庄严壮丽的画面打动了：如果说人类超越自己的奥林匹克精神设计得如此完美和壮观充满中国智慧，那么把这种中国智慧的设计如诗如画淋漓尽致演绎展示出来的就是李宁。

这一刻，最耀眼的就是李宁。

没有比北京奥运会开幕式点燃圣火更高更大的荣耀了，这是中国政府对李宁的奉献的至高肯定。

这一瞬间，很多中国人对李宁尘封已久的记忆也被重新打开，他们流下激动的泪水，尽情地欢呼，让这样一位黯然退役的功勋运动员来点燃圣火，无疑是对他的运动生涯最圆满的补偿——一个亏欠了20年的圆满。

万众欢欣鼓舞，一片喝彩声中，有人不舒服，据说，坐在VIP包厢里的阿迪达斯总裁很郁闷：阿迪达斯赞助了北京奥运会，却眼睁睁地看着竞争对手公司的创始人手持火炬点燃圣火——这个创始人还与品牌同名。

如果他知道，20年前，眼前这位运动员曾经获得106块金牌，带着满身的荣誉也带着无限的遗憾告别了体坛，此后的20年，这位在体坛老去的体操王子开办体操学校，担任体操国际裁判，创立体育用品公司，20年如一日地支持国内外的体育事业，2005年获国家民政部颁发的"中华慈善奖"，2006年，他当选美国《时代周刊》评选的60年亚洲英雄；这个人的名字一直陪伴在世界体育的大舞台，用李宁自己的话来说，就是："我个人是因体育而出名，也是因体育而事业有成，因此，我一定会竭尽所能，全力地回报体育。"了解了这些，对李宁当选第29届北京奥运会最后一棒火炬手点燃奥运圣火，也许他就看得开了。

开幕式点火后的第一个交易日，股市开盘，李宁公司股票就上涨了5%。美国市场研究机构体育

李宁在吊环比赛中

用品情报针对全球体育用品产业公司最新推出的市值排名表，李宁公司在世界综合性体育用品商的排名中超越爱世克斯，排在耐克、阿迪达斯、彪马之后，已经跃居世界第四位了。在胡润百富榜上，李宁也以110亿人民币的个人身价排在第65位。

2008年，李宁荣获澳大利亚评选的中国的世界创新人物——"金袋鼠奖"。

2009年，李宁当选"共和国60年体坛30名将"；荣获国家体育总局"光耀60年最具影响力新中国体育人物"。

到了商界，李宁还是那么大气地书写着世界传奇。

他做到了。成年的李宁在商海搏击中实现了一个非凡实业家的梦。从体育明星到成功的实业家，李宁付出多少辛苦，你只需看看他从一头青丝到两鬓斑白，大概就知道他怎么做；你只需听他说"归零，让我们从头开始！""失败了，也要挺起胸膛！""只要有理想肯付出，一切皆有可能！"大概也知道他怎样战胜困难，跨越坎坷，超越自己，超越过去，永不止步。看看数以万计的职工在李宁公司旗舰上同心同德地工作，"当运动员时，因为我的水平算是最高的，所以我去比赛的时候，大家的希望都会寄托在我身上，升国旗，奏国歌，我的努力决定了大家的愿望能否实现。可是对企业来讲，我的愿望要靠大家来完成，光靠一个人做不成什么大事的"。李宁很谦逊，十几年工夫把公司跃居世界第四的成就看作公司同事们共同努力的结果，换个角度，这个世界排位第四不仅仅是从不放弃任何机会努力"推动中国体育事业，让运动改变我们的生活"，为中国人赢得尊严，同时还是解决数万员工就业，让数万个家庭安居乐业，今天的中国，大学生就业这么难，失业率一直是各级政府很头痛的事，有一个人的一个企业能为很多人排忧解难，你就应该知道他的付出意味着什么了。

1998年，35岁的李宁进入北京大学法律系攻读。勤能补拙，此后四年，李宁与一群比自己小十几岁的同学一起上课、复习、到饭堂吃饭，跟普通同学一样，每天背着书包上课，背法条，课堂讨论，期末通宵熬夜复习，考试。2002年，李宁从北京大学法律系毕业，同年再到北京大学光华管理学院攻读行政人员工商管理硕士学位。

　　一个国内体育用品第一品牌的老总如此认真读书，让人想起广西的一位宰相陈宏谋的一副对联"有功夫读书，便是造化；以学术济世，方见文章"。陈宏谋这副对联，给他的后代留下了中国科举史上唯一的"五代连科"，创下了"一门九进士，父子三翰林"的奇迹，他的第四代孙子陈继昌不仅是状元，而且还是中国科举史上最后一位"三元及第"的状元。更为难得的是，陈继昌"三元及第"之后67年里，临桂县出了三位状元，"一县八进士，三科两状元"，乃至将临桂"人杰地灵"淋漓尽致展现在中国历史上。李宁似乎身体力行着"有功夫读书，便是造化；以学术济世，方见文章"，为了更好地学习，他淡出公司的日常经营业务，潜心攻读，"只要肯学，什么都有可能"；"成功只代表过去，未来要从头开始"，"每一块金牌都是从头再来"，当运动员是这样，经商也是这样，始终抱着从头再来的归零心态，超越过去，永不止步的心态、以他独有的亲和力团结了公司的员工们，他知人善用，让他的团队一直朝着他的梦想"我们不仅要成为中国的'阿迪和耐克'，有朝一日要成为世界的'李宁牌'，成为世界知名的体育品牌"而共同努力。李宁的淡出与全新的经营管理模式，世人公认，2001年，他被英国拉夫堡大学颁授荣誉博士学位；2008年，又被香港理工大学颁授荣誉博士学位。他的所作所为，就是"以学术济世，方见文章"古为今用的现代版。

　　2006年，李宁以1.6亿港元购入香港一个三层独栋，该楼面向深水湾坐拥海景。

李宁带领广西体操队荣获全国冠军(1984)

来。

11月2日，李宁正式为深圳南山区华侨城小学授牌，同时益田假日广场全明星滑冰俱乐部也成为该校的培训基地，这样，该校就成为深圳首个冰上运动培训学校，深圳的小学生有了正规滑冰课。

提起速度滑冰、花样滑冰、冰球等冰上运动，人们总想到北方的冰天雪地。深圳四季如春，冰雪千年不临百年不遇，深圳的孩子们难得一见。冰上运动这项传统的北方大众体育项目，对于南方的孩子来说，自然是不可遇，难得求了。

李宁觉得，冰上运动在我国有悠久的历史，花样滑冰、冰球等冰上运动都是奥运会比赛项目，而且青少年参加冰上运动，不仅增强心血管系统、呼吸系统、神经系统的功能显著，对培养他们克服困难、坚忍不拔、勇敢顽强的意志品质有十分重要的意义。他这次在深圳开发冰上运动课程，就是为了见不到自然冰雪的南方孩子也能享受到冰上运动的乐趣并从中受益，弥补南方体育项目的缺失。

第二天，首批90名小学生就在全明星滑冰俱乐部上了他们人生的第一堂冰上运动课。这批见不到冰雪的南方小孩，对滑冰运动表现了浓厚的兴趣。明星俱乐部总裁王鏊对在深圳开设这门课程很乐观，她说："南方的孩子对冰雪的渴望很强烈。我曾安排南方和北方的孩子学习同等的课程，发现南方孩子接受能力普遍比北方的孩子快，同样的课程要早学会3-5个月甚至半年。"

深圳南山区体育局的人认为，深圳的中小学把冰上运动作为一门课程，深圳孩子就可以吸收冰球、滑冰等运动的智慧和营养，享受到这些运动项目的快乐。

冰上运动历来是北方人一统天下的体育项目。李宁在深圳开办中小学生冰上运动的课程，是大含深义的。相信读者明鉴，早晚有一天，滑冰、滑雪等从来没见过南方人面孔的全国冠军的领奖台上，会出现身穿李宁牌领奖服的南方人；早晚有一天，世界大赛的冰上运动项目的领奖台上，也会出现身着李宁牌领奖服的中国南方运动员。李宁的行为，算不算是"以学术济世"呢？当冰上运动不再是北方人一统天下的体育运动之时，他的所作所为，肯定是"方见文章"了。

在商言商，商人大都是急功近利的。尊敬的读者，你觉得李宁是这样的吗？

李宁荣获世界杯体操赛六枚金牌(1982)

11月7日，李宁与李永波以及刚刚在法国公开赛上获取男单冠军的林丹、女单冠军的王仪涵等体育明星一起现身香港，为中国运动员教育基金举行筹款表演赛。

此情此景，再次唤起人们对中国体育慈善事业的关注。从世界体育发展的潮流来看，"体育"与"慈善"似乎是一对孪生子，尽管中国的体育慈善起步较晚，但也涌现不少令人感佩的慈善家。

2009年，金融风暴席卷全球。李宁将自己公司的股票套现一亿元用于慈善事业。

我们正在处于一个更多选择的时代，现在每一个人都有更多的空间来实现个人的价值，其中包括积累财富；同时我们也要面对利益的确认和分配，利益的分配和理想搅拌在一起，往往让不少人举步维艰。过去有句老话：婊子无情，商人无义。而情与义始终是人生一种很高的理想境界，商人能把这种理想境界扩大化最大化，应当是公益事业和慈善事业吧。

写到这里，该结束了。收笔之时，老是在想：有功夫读书，便是造化；以学术济世，方见文章。在国人努力构建和谐社会的进程中，谁在书写最精美的文章呢？

　　　奥运会开幕式中，点燃圣火的仪式是最隆重而富有感染力的仪式，是让亿万人激情澎湃的华彩乐章。被誉为"体操王子"的奥运会冠军、广西壮族运动员——李 宁，点燃了2008北京奥运会主火炬

吴数德

东方大力神传奇

数德。

　　小吴数德聪明异常，诗书棋画都有相当水平，写得一手好字，画得一手相当有水准的国画，各方面发展均衡，是个很全面的人才。太好了，这比不期而遇的教练的意料还要好得多，严教练从来不认为举重仅仅是骨硬筋强、肌粗肉健、简单的重体力活，这项与奥林匹克同时诞生的运动内涵太丰富了，需要多方面发展均衡的人才。而这样的孩子在家长和学校的心目中同样是块宝，当然很宝贵。可严教练却认为爱因斯坦也很有艺术天赋，拉小提琴很不错，但如果此君去拉小提琴的话，大不了是乐团的首席小提琴师，绝对成就肯定比不上以相对论获诺贝尔奖。严锡嵩三番五次到吴数德家里去，到学校跟校领导协商，做小吴数德的思想工作，他认定一点，吴数德不论向那方面发展都不会差，写诗也许会是个蛮不错的诗人，学画画可能会小有名气，也许还是个书法家之类，总之，都会不错，可以轻松地达到二三流水平。但如果练举重的话，那就大不一样了，很可能就是登峰造极的人物。有此认识，他坚持不懈地交涉协商，教练的诚心打动了所有人，吴数德走进了举重房。

　　奥林匹克运动的故乡是希腊。希腊人崇尚大力士，崇拜神力，希腊神话中的大力神赫拉克勒斯呱呱落地时，喝的是神后赫拉的乳汁，才有无与伦比的神力。吴数德父亲只是个七级木工，收入不多供养五个孩子。练举重之后，每次吃饭，全家人的筷子都很默契地不往荤菜碟里伸，全家人都像当了和尚尼姑似的再也不吃荤菜了。每每此时，吴数德会夹着肉片送到妈妈的碗里，妈妈又把肉片夹了回来，疼爱地说："数德，你吃，你练举重要加强营养啊。"为他练好举重，全家人都不吃肉了。吴数德受不了这个，每餐饭都是泪水在眼眶里直打转，含泪咽下家人让给他的肉片，肉片当然好吃，却太难咽下了：艰苦岁月，亲人们谁不想吃，谁不需要吃呀！不忍心夺去亲人们该享用的那份肉（虽然只是不多的一点），他不想练举重了。吴数德没喝到神后的乳汁，甚至连很一般的肉类都十分有限，限量供应粮票布票油票肉票的年代，一个人每个月的肉票才是半斤肉。吴数德全家人一个月的肉票仅仅是三斤半，三斤半猪肉，对于一个练举重大运动量、每天消耗大量体能的少年来说，即使全家人不吃猪肉，节省下

生活中的吴数德(1980)

吴数德在南宁打破52公斤抓举世界纪录(1980)

来全都让给他了，还是不够的。

他三次离开举重房。三次都是严教练把他找回来。

为了留住这个孩子，严教练养了一窝鸡，用每天鸡下的蛋给他开小灶，补充营养。

后来有人说，别看全家人省下来的肉不多，教练养鸡下的蛋也有限，对于小吴数德来说，这种父爱母爱亲人的爱，师长的爱，就是他成长期神后赫拉的乳汁，是他顽强拼搏奋发向上动力的源泉。

练举重是艰苦的，枯燥的。小吴数德天天在握杠、起杠、发力、翻腕、提肘、下蹲、支撑、起立——简单沉重的重复动作中度过，在简单沉重重复的动作里摸索感受领悟气力的增长和技术的进步，体会动作协调爆发力好的特长，使自己举的重量不断地增加。不停地练，不断地加大训练负荷量，他每天都要举起三万多公斤的重量，三万公斤重量是什么个概念？就是如果每次他举起的是100公斤的话，他要举300多次。沉重吧，真正的沉重；枯燥吧，每天数百次不停地抓举挺起很重的杠铃，这是可怕的特枯燥的重复，这里面没有任何投机取巧可言：少举一次，训练强度就不够；举的重量轻一些，练筋练骨练气练爆发力强度也不够，强度力度不够，协调灵活体验不出来。而这种重复沉重量稍微少一点点，精气神的爆发的最佳感觉就找不到。也就是说，练举重要走一万步的话，你必须老老实实走完，走9999步就想不走了，往往就是少这么一步，会让你前面所走的白走，前功尽弃。

吴数德刻苦训练时，是知道大力神赫拉克勒斯的，知道赫拉克勒斯变成神之前作过艰苦奋斗。他还知道神话诞生于人类的童年时代，每个民族都有不同的童年，有的是粗野的儿童，有的是早熟的儿童，希腊人是正常的儿童，希腊神话有非常清晰的哲理，就是神奇的力量不是从天上掉下来的，不付出就休想收获。他在走赫拉克勒斯走过的奋斗的路，不同的是，他背负着全家人殷切的期望；进入举重房后他知道国人最痛恨的"东亚病夫"那些忘不掉的民族耻辱。太多的爱和太多的支持都

51

不允许他片刻偷懒取巧，太沉重的民族自尊心，促使他不断地追求进步，追求完美，从我做起，从每一天做起，向更高更快更强的目标奋进。教练的目光果然独特，诗书棋画爱好广泛的悟性让他在单调的训练中找到与众不同的感觉，在小吴数德的心目中，枯燥的单调的训练如棋，需要步步为营，步步如棋，稳扎稳打，循序渐进；每一次举起杠铃，寻找肌肉的感觉，细细体会全身力量骤然爆发，那种"力拔山兮"男子汉豪迈如诗如画的感觉美极了；每一回挺起杠铃铿锵落地声，那是成长路上美妙的歌，令人心醉的歌。艰辛的训练伴随着种种如诗如画如歌的感受和感悟，他比很多人多了一份从容与大气，训练如棋，训练如诗，训练如歌，艰辛如酒，艰苦似梦，越练越觉得自己适合干这一行，越练越钟爱这项事业，越练越有信心，越发感觉自己有实力，这种很实在的美感能感受到的人不多。

与众不同的感悟和不辞劳苦的练，他进步神速，1977年，他加入广西举重队。

雅典世界青年举重锦标赛一举夺魁，吴数德参加的还是52公斤级比赛，他是第一个在世界锦标赛上夺得冠军的中国运动员。自那以后，吴数德更是刻苦训练，在训练中寻找最佳感觉，从不满足、从不止步。随着训练水平的不断提高，举重水平也日渐提高，他一发不可收拾，屡战屡胜，屡屡夺魁，从不满足，从不放弃，从不手软：1979年，第五届世界青年举重锦标赛，他打破了52公斤级抓举和总成绩的世界青年纪录；1980年，他以112公斤的成绩打破52公斤级抓举世界纪录；1981年，更是以126.5公斤成绩打破56公斤级抓举世界纪录；1983年，以128公斤成绩刷新了

洛杉矶奥运会冠军吴数德(1984)

吴数德获得世界冠军奖杯(1979)

56公斤级抓举世界纪录。那几年，他五次打破世界青年举重纪录，四次打破成年举重世界纪录，当时的世界举重联合会主席、荷兰人蒙莱斯夫盛赞吴数德："你是亚洲人的光荣，是东方的骄傲。"

蒙莱斯夫主席的赞扬很符合实际，试想，从1978年到1983年5年间，吴数德抓举成绩平均每年增长3.75公斤；试想，一个运动员破一次世界纪录已经是很难很难的了，多少运动员奋斗多少年撒了多少汗水不就是为了追求这个吗？而且，破一次世界纪录已是竭尽全力了，再破，则更难，需要加大多少训练强度，加重多少训练举重的重量？9破世界纪录，就是9次实现超越自我，9次超常发挥，9次刷新自己的成绩！一而再，再而三地举起超前的重量，这种超越付出多少代价，是常人无法想象的。而且吴数德是有血有肉的平凡人，不是钢筋铁骨吃过仙丹圣药、遇过仙拜见过神有神仙关照的奇士异人，更不是神话传说，没有喝过神后赫拉的神乳汁，他创造的奇迹只有两点，他的付出比别人更多，汗水、伤痛；还有的就是钢铁般的意志，坚忍不拔的毅力，坚定不移的信念。

9破世界纪录，9次当选世界举坛霸主！9次当之无愧的世界举坛第一人。

东方大力神就是这样炼出来的。

血肉之躯不停地磨炼，带伤带痛的身体不断地为国争光，除了吴数德本人具备很全面的才能、天赋之外，我们必须承认那个年代让一个普通小孩子成功培育成东方大力神确实可行、行之有效的因素，比如，那种把每一次成功当成为本民族争光而不是单纯为个人添彩的追求和大气；比如，每一次创造佳绩，国家与人民都毫不吝啬地授予与他的付出相符的荣誉与荣耀：四次荣膺"全国十佳运动员"，四次荣获国家颁发的体育运动最高荣誉奖章。这一切表明，东方大力神不是从天上掉下来的。

1984年洛杉矶奥运会。那时，吴数德25岁了，此时的他已是从20世纪70年代举坛奇葩成了举重界的一员老将。谁都知道举坛老将意味着什么，征战举坛多年，叱咤风云多年，闪光夺耀多次，驰骋举坛笑傲江湖夺金掠银多回，伴之是伤痕累累，伤痛缠身，而且难得休养休息休整。一句话，长期处于超负荷的严重透支状态，身体状况大不如前了，他已经过了鼎盛时期了。到了洛杉矶，比赛前几天他的体重还是61公斤，他参加的项目是56公斤级，就是说，他必须在短短几天里恶减5公斤体重，还要保持良好的竞技状态。谁都知道

吴数德在南宁区体育馆打破52公斤抓举世界纪录(1980)

短时间里减轻体重只有两种做法，就是节食，再就是做蒸汽浴，节食甚至拒食当然能够快速减轻体重，不停地坐进蒸汽房把身体的水分通过加热流汗蒸发出去当然也能快速减轻，恶减体重不太难，难的是节食拒食会让人感觉到饥饿，人是铁来饭是钢，一般来说，一餐不食问题不太大，一天不吃东西那种饥饿感就太强了，几天不吃东西那就更不得了了，简直就是饿得难受饿得无力发狂，有道是男人靠吃，女人靠睡，太对了，不吃不喝，男子汉的力气哪来呀？加之又是做蒸汽浴，饥饿中又被迫热蒸逼个大汗淋漓汗流浃背地"蒸干"，强迫出汗就是失水，失水太快太多人会发软。况且还要在这等极其困难情况下保持良好的竞技状态，保证实力不减，力气不弱！太难了，简直是又要马儿跑，又要马儿不吃草。

难难难。没有谁比吴数德更清楚面临的艰难。然而，他别无选择：这是中国第一次参加的奥运会；获取过各种各样冠军，他只差一枚奥运会金牌。这是他第一次参加的奥运会，也许也是最后一次以运动员身份参加的奥运会，作为运动员，缺了这一枚分量最重的金牌就不能叫做完美。一句话，运动员生涯缺少这块奥运会金牌会让所有作为运动员人生中留下无限的遗憾！

吴数德不能留下遗憾，或者说是不愿留下遗憾。

没有人更清楚他在何等困难情况下鼓励自己去战斗去拼搏，同样没有人清楚他用什么样的信念战胜伤痛排除杂念冷静参赛，激励激发自己调动全身肌肉、信念、技术、感觉、追求糅合成瞬间爆炸成顶天立地拔山倒海的力量：1984年7月30日，在洛杉矶56公斤级举重赛场上，吴数德把全身所有潜能汇聚爆发出神奇的力量，高高举起超越一切对手的147.5公斤杠铃时，抓举和挺举总成绩267.5公斤，击败了所有对手，无可争议地登上了奥运会的最高领奖台，在中华人民共和国国旗又一次升起、中华人民共和国国歌又一次奏响时，他捧上了这枚闪闪发光的金牌。

洛杉矶奥运会上，他展示了东方大力神的雄风英姿。

他是广西第一位获得奥运会金牌的运动员。

回到南宁，他和李宁等奥运会掠金夺银广西健儿站在敞篷车上，在南宁市兜了一圈，所到之处，人头攒动，欢呼声掌声四起，鞭炮连天。那天，邕江两岸，无数自发欢迎奥运英雄的南宁人，亲眼目睹吴数德和载誉归来广西奥运健儿们的英姿风采，亲身经历了那个首次欢迎奥运英雄胜利归来万众欢腾像过节一样的欢乐场面。

他以他的所有天赋和努力铸造了一个举重运动员的辉煌，大写着运动员的奋斗人生、拼搏人生、为国争光的豪气浩然的壮阔人生。

退役之后，他办举重学校，当教练，潜心为国培养体育后备力量，培养可造之才，向区内外输送技能突出、有良好思想品德和文化素质的人才，钟情于举重事业情不变，心不移。

然而，时代在前进。

当体育局领导、当教练，他最苦恼的是：举重运动不再受到人们的青睐，20世纪六七十年代，举重曾经非常受欢迎，那时举重的条件和环境都很艰苦，家长还愿意送孩子去训练，孩子也喜爱练，那个年代出了不少很有名气

吴数德打破56公斤抓举世界纪录(1981)

听的豪言壮语。但是，如果没有足够的实力，你怎么扛起重担？如果没有成熟的思想、教的经验和练的能力，你凭什么来应对挑战？43岁的吴数德之所以不惑，是有多年的训练、比赛、组织管理、阅历，积厚了才能薄发，放弃那些种种优越舒适是因为他相信自己有足够的实力和信心尝试新的挑战，非常清醒自己的能力，乐于将自己的才学智慧奉献给他钟情的举重事业，奉献给增强国民素质之激励愿望与科学性的结合，他不是眼高手低的挑战者，更不盲目去挑战，人生价值的体现靠的是实力和才华积累达到的升华。

2003年6月，在波兰华沙举行的世界杯锦赛，比赛场上场场爆满，观众们热爱程度和火爆场面着实让习惯于冷清的中国的运动员们和教练们"受宠若惊"。感动欣慰的同时，他不禁深思，同一项运动，为何国内与欧洲有这么大的差异？关注比赛的同时，吴数德留意赛场上的一切，有心与无心差别是很大的，一有意观察，差距很快就找出来了：首先，波兰的普通观众都熟悉举重的技术要领和比赛规则；正所谓外行看热闹，内行看门道，比赛时，有的运动员杠铃举起来了，裁判却判无效，这种现象外行人是看不明白的，波兰人很明显表现的是都懂，都会心地笑笑或表情丰富地为之地叹息，如果观众不了解比赛规则的话，就会感到疑惑，为什么杠铃举起来会不算数？这就表明，波兰的观众绝大多数是内行的，有眼光，有水平的，这些观众不是来凑热闹的，是来看"门道"的。光是这一点，我们的差距就很大了，试想，国内每次举重比赛，观众少得可怜，大多观众都是看不懂举重比赛，怎能叫他们热爱这项运动？甚至连直播电视的解说员都是外行的，不仅不能帮助观众看懂比赛，国内有几位少得可怜的体育台所谓专业"名嘴"，在讲解时，经常信口开河，滔滔不绝，可说的不是生搬硬套，就是指鹿为马，错漏百出，胡说八道，令观

吴数德在奥运会领奖台上(1984)

吴数德在奥运会比赛中(1984)

众反感。跟波兰的解说员相比差得老远，吴数德虽然听不懂波兰的解说员在讲什么，可通过讲解员抑扬顿挫的语调和观众时而紧张时而欢笑的表情来看，波兰的讲解员是十分了解这项运动的，很成功地调动了观众情绪。

种种差距十分明显。不比不知道，一比吓一跳。他还了解到，举重作为一项体育运动，在欧洲，可追溯到公元前774年，公元前774年希腊就举办了第一届奥林匹克运动会，至公元294年，欧洲一共举办了293届，这才是真正的历史悠久源远流长哪。2000多年前我们的祖先们在干什么，不好说了，反正人家欧洲人已经津津有味地进行身体锻炼、强身健体追求健壮健美了。难怪举重运动深受欧洲人欢迎，体育运动在欧洲有广泛的群众基础来自悠久的历史文化积淀。

太多太深的思考，2003年8月，吴数德辞去干得好好的国家举重队总教练职务，自费到美国学习体育管理。他知道举重不像足球那样容易受到人们的欢迎，但在欧美还是有相当大的人群基础，要解决举重在国内遭受的冷遇，要让国人了解举重，喜欢举重，是一个非常复杂的问题，他必须深造必须学习，更新知识，更新观念，更新管理，更深入了解其各种外在和内在原因，才有可能拿出解决的办法。

这一去又是两年。已过了不惑之年的他还是不安分守己，不满足现状，还有更新的追求。自费到国外学习是辛苦的，特别是到美国这个金钱社会，但为了倾心深爱的举重事业，他再一次放弃资深大腕教练、公务员官员丰厚的俸禄和一个著名运动员人到中年很高的知名度及荣耀，心甘情愿当一名一切重新开始从头再来的学生，当一名与众不同的留学人员。金钱社会，发达国家，高度现代文明，不同体制全方位竞争激烈文化、经济、政治、体育等等，在这个异国他乡人生地不熟，学习肯定比国内难得多，但他还是去了，不惑的他深深懂得，在美国学到的东西肯定也是国内学不到的。

两年后，从美国学成归来，回到广西体育局继续当副局长。满脑子新知识新理念新观念科学指导管理，他用非常符合我国国情区情的目光看待问题，分析问题，用新理念新管理新知识来看问题和分析问题，用个简单的比喻吧，他等于比别人多了一双亮眼，多了一个聪慧的脑子，这才是真正的不惑。

我们还是看他怎么做吧：有人请他讲学、作报告，去。认真准备，精彩讲演。让更多的人了解体育，了解举重，让举重贴近生活，贴近百姓。每一次讲演他都会深入浅出让听众听得明白，让听众理解举重，让听众向往举重，让听众对举重有信心。

因为他知道，我们的教育体制使学生们参加体育锻炼的时间十分有限，绝大多数学生一天的锻炼时间不到一个小时；近视眼的增加、学生的肺活量的减小；加上计划生育作为国策的独生子女，没有兄弟姐妹的孩子，我们的优生优育和教育体制存在不少令人担忧的社会问题；田径、篮球、排球、足球、游泳等有广泛群众基础的项目我国并不占优，而举重、跳水、体操等门槛很高的项目，受自身条件限制，参与的人群本来就少，后继乏人就难以避免——这些，大大超出他一个体育局副局长能够解决的职责范围。

不能解决并不等于就不想思考不想做。他尽可能地参加各种各样的活动，接触更多的人。他相信，和他接触过的人对举重会多一些理解。

我们来听听他是怎么说的："举重并不是一个人的运动，它需要整个民族的支持和理解。因为运动员在举起杠铃的那一刻，他举起的不仅仅是杠铃，而是整个民族的荣誉。"

深刻吧，发自肺腑之言，我们听了，该怎样呢？

他有一个温馨的家，家中有四个孩子，其中一个亲生的儿子，其他三个是他认养的弃婴和孤儿。谁都知道，领养弃婴和孤儿是当今社会最大的善举善事，谁都知道养大一个孩子有多艰难，特别是以自我享受为体现自我价值的感觉泛滥之时，有些人为贪图自己享受懒得结婚、连自己的孩子都懒得生懒得养（一些发达国家就是因此人口递减），更别说养别人的。而现实社会总有一些失去父母和被父母抛弃的孤儿和弃婴，同是祖国的花朵，这些孤儿弃婴一出生就遭遇人生不幸的阴霾，幼小的心灵亟须关爱。由此，不难看出，吴数德是个心地善良、有博大仁爱的人，只有这种博爱，才能长久地将真情和挚爱献给太需要关爱的孤儿。他一视同仁对待四个个孩子，多了三个小孩，多了多少操劳和辛苦。可他乐在其中。

这种爱太伟大了，有人把它称为共和国脊梁。大爱无疆。

护理学院请他作专场报告，"天使与奥运同行"，他去了。

黄帝故里拜祖大典，拜祖大典的主题是"共建中华精神家园，祈福北京奥运会"，大典组织者邀请吴数德在内的28位曾获奥运会冠军参加，黄帝故里离南宁很远，可有利于发展体育事业，他去了。

2008年6月7日，奥运圣火来到绿城南宁，圣火映绿城，激情燃壮乡。吴数德作为绿城第一棒火炬手，从广西壮族自治区党委书记郭声琨手中接过祥云火炬，点燃南宁市市民心中奥运情怀的第一把圣火，点燃了绿城波澜壮阔的奥运激情。

就这样，凡是有益于体育事业发展的活动，他都尽力参加。因为，他知道他所做的一切都是为了"整个民族的荣誉"。

吴数德在奥运会获冠军升国旗现场(1984)

有人为他题诗："琴棋书画爱吟诗，铁血男儿情最痴；遇得杠铃难放手，不拿金牌宁裹尸。莫谓身轻难托月，一声狮吼震天地；情深举重行亦重，负重人生终不移。"

他在做一个前奥运冠军该做的事，做一个热爱中国的人该做的事。

共和国50周年。中华人民共和国建国50华诞，多少体育健儿在半个世纪的中国体坛史上留下多少辉煌。众星云集无数星光闪耀，最耀眼的50位体育大明星中，有一位叫吴数德。

吴数德在南宁进行北京奥运会火炬传递

韦晴光

大器晚成势更雄

WEIQINGGUANGDAQIWAN
CHENGSHIGENGXIONG

日本人热爱乒乓球运动，有诸多著名的运动员驰名世界乒坛，20世纪50年代之前，世界乒坛一直是欧洲人独领风骚稳居霸主的天下，进入50年代，日本人异军突起，1959年在德国多特蒙德的世乒赛，也就是容国团拿了男单冠军的那届世乒赛，其他的6枚金牌全部被日本队囊括，乒坛霸主从此从欧洲移位到了亚洲，那时的乒乓球曾是日本人的"国球"。这项深受日本人喜爱的体育运动，竟由一个名叫伟关晴光的中国广西南宁人夺得男子单打日本全国冠军纪录。伟关晴光，原名韦晴光，广西南宁市人，1997年加入日本国籍。2004年，伟关晴光42岁时拿下的男单全国冠军，创下了日本全国冠军最高龄纪录。

　　谁都知道竞技运动是"青春饭"，体育比赛是锐气十足年轻人活跃和大显身手的天地，在高手如云的日本乒坛，韦晴光从1991年到2006年长达15年，也就是从他29岁到44岁这15年间，四次获得全日本选手比赛男单冠军，五次获得日本顶级12人赛冠军，两次获得全日本社会人单打冠军，三次获得日本联赛32强个人赛冠军，代表日本取得过1998年亚洲锦标赛男单亚军，1998年亚运会男团季军，2004年第45届世乒赛男团季军，诸君明鉴，这些骄人战绩是他过了青年时代鼎盛时期人到中年时所获得的，也就是说，韦晴光的这些竞技体育彪炳战绩是在他体力耐力爆发力灵敏反映状况大不如青年时代、过了巅峰时期而夺得的，而且是在一贯自视甚高极具优越感的日本国，这才是真正的难得，难能可贵呀。熟悉和了解韦晴光的人无不赞之为世界乒坛不倒的"常青树"，"乒乓铁人韦伯伯"。

韦晴光，1962年生于广西首府南宁，8岁进入宁市业余体校打乒乓球，1973年他11岁时被选入广西体工队集训。从市业余队进入省级专业队，韦晴光仅仅花三年时间，且当时的广西体工队有的是全国著名的运动员，能跟这些大哥哥大姐姐们同场训练，小韦晴光别说有多兴奋了，自此他更加自觉刻苦训练。许是天有不测风云，或是乐极生悲，或是自古英雄多磨难，加入区体工队仅仅三个月，韦晴光体检时就被查出患有肝炎，20世纪70年代患有肝炎可不得了的，当时的医学水平普遍认为肝炎病会传染，作为省一级的体工队当然不会为一个患有传染病的孩子手下留情，韦晴光被除名了。被除名的韦晴光难受极了，命运多舛，少年的心有多痛自不必说了，总之是整天以泪洗面。回家以后，父亲不服，也不肯相信，

自己好好的儿子怎么会患上肝炎呢？他带儿子到医院去复查，复查的结果是：韦晴光是运动量过大而出现肝功能异常，肝功异常并非传染性肝炎呀。然而广西队还是拒绝让韦晴光回集训队，不说那时的体工队领导和教练的医学知识有限，辨别不了肝炎与肝功能异常传染性跟不传染性的不同，就凭着韦晴光才练了三个月肝功就有问题这一点，再练下去呢，乒乓球是越练越要增大运动量，越练越要增强体能体质，乒乓球的技能技巧跟体能体质分不开，小韦晴光哪里可能适应得了这种高强度的训练？

　　不久，停办了八年的广西体育运动学校重新恢复，广西体育运动学校是一所业余体校，学生们是半天读书，半天训练。得知这一消息，那天天正下着大雨，韦晴光的父亲冒着大雨，骑自行车驮了韦晴光找当时体校教练罗二强，恳求罗教练收下韦晴光。两父子的诚心让罗教练感动了，于是韦晴光进了广西体校。能在体校里半天训练，半天学习，韦晴光已经很知足了，训练格外努力。四年后，韦晴光15岁了，他的战绩还是不行。他的父亲是一位有过多年军旅生涯的军人，这位前军人知道韦晴光不是不努力，不是悟性不好，而是儿子需要更好的教练和正规训练。为了孩子进步，多年陪同儿子训练，他已经认识了广西体育界不少人，为了让儿子能进广西队，他向广西队的领导和教练立下军令状："你把他练死了，不要你们负责，全由我这个当父亲的负责。"父亲的军令状让所有在场人感动，1977年，15岁的韦晴光再次进入广西乒乓球队集训队。

　　都说历史是人写的。但若韦晴光没有一位眼光独到的父亲，假若这位父亲不

是一位军人，韦晴光的历史就会重写。试想，11岁的韦晴光才练三个月就被检查出肝炎，如果不是这位知子莫若父的父亲追根究底，哪能会知道运动量过大会出现肝功异常？换个角度来说，小韦晴光运动量过大不就是因为他太勤奋太喜爱乒乓球太珍惜进广西体工队的机遇了吗？也是因此懂得年纪小不能急于求成，韦晴光懂得循序渐进，苦练要有个度，乒乓球技术技巧要与体质体能同

步成长。此后30多年的运动生涯韦晴光再也没出现过类似的情况。其次，韦晴光父亲的百折不挠敢作敢为的军人作风太令人感动了，你可以看得出自己的儿子是练乒乓球的料，你也可以做到为儿子进步不惜一切代价，望子成龙嘛，哪个当父亲的都愿做的；可是，哪个父亲敢做到下这样的军令状："你把他练死了，我负责！"知子爱子到这个分上，广西体

工队领导和教练们谁不动心？于是，就收下这位曾被他们除名的少年。

　　于是，广西乒乓球队就有了一名不知疲倦的"拼命三郎"，这位左手直扳反胶弧圈进攻型选手，练发球、接球、练脚步、跑步，从来不叫苦，从来不喊累，随着年龄的增长，他的训练时间也在加长，训练强度也在加大。日月如梭，光阴荏苒，1983年，他21岁了，在省级队已经整整练了六年了，还是一名广西队队员，在新陈代谢极快的体育队伍里，21岁还不能入选国家队，不能代表国家参加国际比赛，意味着要考虑退路的时候了。其实，不是他不努力，也不是他打得不好，当时的广西队实在是太强了，前有梁戈亮、任国强、任国杰，同龄的有神童黄统生、谢超杰、谢赛克。谢赛克已是世界冠军了，周宏、陈伟等人也上调国家队，人才济济的广西队，有名气大的、世界冠军的、国家队员的、年少成名的人，加上那时的比赛又少，他能代表广西队出战的机会就不多。实战机会少，实战经验无法积累，更别说大战的考验。然而他依然勤奋地自觉训练，从不考虑退路。那时，球队里的一些比他小的队员叫他韦伯伯，他一笑而过，不当一回事。有个细节挺有意思：他训练时，有时他父亲来看他，老人家来看望儿子，队员们当然叫他父亲"韦伯伯"，往往一叫"韦伯伯"，父子俩都以为是叫自己，两人都应了，闹了笑话。

　　1984年，全国乒乓球锦标赛，他终于有机会代表广西队参加这个大型赛事了，他太珍惜这个机会了，憋足了劲，大开杀戒，越战越勇，一口气囊括了男单、混双、男团三项全国冠军，正如人们所常言的，"三年不鸣，一鸣惊人"，何况他等了不止三年，为等这一天，他等了整整七年，整整寂寞了七年啊。

1985年全国锦标赛，他一发不可收拾，又获得男双和混双两枚金牌。也就是这一年，他进入国家队。

在广西队被称为"韦伯伯"的韦晴光23岁时终于成为国家队的一员了。这位新来的"高龄队员"，跨进国家队的大门的欣喜未过，立刻体会一种前所未有的痛苦：在国家队与广西队根本不可同日而语的训练馆里，主力队员在一楼训练，教练们几乎整天全都在一楼目不转睛地盯这些运动员，韦晴光被安排在教练很少光临的三楼训练，这么明显的区别对待太让人难受了；而且当时国家队实行一年一调动的集训，如果当年状态不佳，马上就会被淘汰出国家队。不能怪教练们厚此薄彼，在有"中国乒乓长城"之称的国家队里，有跟他年龄相仿15岁进国家队的多次获世界冠军的"乒乓王子"江嘉良，有17岁入选国家队获世界冠军最多的"金钱豹"郭跃华，有名震世界乒坛的蔡振华、李振恃、马文革、滕毅、陈新华、谢赛克等一批夺过世界冠军的风云人物，这批运动员还是当打之年状态极好，哪个教练能不把目光钉在这些风华正茂战绩辉煌的爱将们身上？也不能怪国家队当年的集训制度，中国实在是能打球的人太多了，可选的可造之才太多了，不从各省挑选一些新人进来，怕漏掉一些运动天赋极好的苗子，而进了国家队，毕竟新人还未经过世界大赛考验，用之又怕担当不起重担，只好作备用人才。即使是备用之才，也得努力，一年为期，状态不好，遣回原籍，状态好的，留下来继续备用。竞争就这么激烈。

竞争再剧烈韦晴光也坚持下来了，毕竟为进国家队他就等了七年之久，不进国家队，他就根本没有机会代表国家队参加国际大赛，就没有机会为国争光。竞技体育唯有此路。十多年的刻苦训练，就是为在国际比赛上扬眉吐气大显身手，彰显我中华健儿之威风啊。

1986年，在汉城举行的亚洲乒乓球锦标赛上，拼命三郎韦晴光当然珍惜这个来之不易为国争光的机会，一鼓作气，力克群雄，夺取了男单冠军。这是他第一次代表国家队出战洲际大赛，第一次参加国际比赛就夺得金牌，韦晴

韦晴光在奥运会比赛上

光的左手反胶直握弧圈打法终于引起教练们的重视，聪明的郗恩亭教练决定培养他打男双，毕竟他曾是混双的全国冠军，有双打的基础和经验，并给他选了国内一流的右手正胶直拍弧圈的陈龙灿作配对。这一左一右直拍正反胶相反的选手，1987年，在印度新德里举行的39届世界乒乓球锦标赛，首次配对双打的韦晴光陈龙灿就出人意料地捧回了男子双打冠军。

　　1988年汉城奥运会，这是乒乓球第一次成为奥运会比赛项目的世界体育盛会，也是后来国人痛心疾首称为"兵败汉城"刻骨难忘的赛事：大名鼎鼎的"乒乓王子"江嘉良败了，素有"中国乒乓长城"之称的男子单打全军覆没，没有一个进入四强。韦晴光与陈龙灿在八进四时，遭遇韩国的刘南奎、安宰亨，当时韩国观众助威声震耳欲聋，刘南奎、安宰亨原本就是当时世界名气很大的一流组合，加上主办国主场之利，韩国观众主场热情支持之威随时可见，声势浩大的呐喊助威时时在摧毁对手的意志与冷静。韦晴光和陈龙灿与这样的对手碰撞无疑是很大的挑战和考验，名声显赫的"中国乒乓长城"男子单打全都止步于四强，已经让韦晴光和陈龙灿憋足了气也憋足了劲，自古华山一条路，为国争光的信念和勇气逼上梁山似的让他俩超常发挥超常冷静超强拼搏，韦晴光每每打一个好球，就会挥拳呐喊，边吼喊边绕场跑几步，给自己和战友加油，不停地给自己和战友鼓劲，那天陈龙灿也很心领神会默契地与韦晴光充分配合和共同发挥作战的技战术，两人同心同德超强的意志与堪称完美的表现不仅战胜了对手，同时也战胜了韩国观众，超一流的高手过招，往往不再是一招一式的技战术对决了，拼技术战术的同时，决定胜负的关键往往就是信心勇气与冷静应对的巅峰对决，超常发挥！第一次参加奥运会的韦晴光和陈龙灿做到了做好了，他们俩让这对著名的韩国选手止步于四强。

韦晴光在奥运会比赛上

1988年9月30日，相信所有关注中国乒坛的人都忘不了这一天。先是中国队焦志敏、陈静对韩国的梁英子、玄静和女双决赛，谁都知道焦志敏、陈静名气与技战术水平大大超过梁英子、玄静和，假如这一届奥运会举办地不是在汉城，奥运会女双第一枚金牌必定是焦志敏和陈静无疑。但是，现实就是现实，汉城奥运会第一枚女双金牌与焦志敏、陈静擦肩而过，技战术水平超群的焦志敏、陈静在声势浩大的韩国观众呐喊助威声中，失去了冷静，斗志意志被对手和汉城观众摧毁了，一枚志在必得被认为最有把握的金牌就这样莫明其妙地与焦志敏、陈静失之交臂了。这也难怪陈静焦志敏，中国乒乓球队第一次参加奥运会这个全世界都极其关注的体育盛会，国家队与她俩都没经验对汉城的观众有足够的重视。

最有把握的金牌丢了，这时汉城奥运会已经到了尾声，中国军团只获3金，与洛杉矶奥运会15金相比，中国军团溃败之势令人难以接受。男双决赛开始了，心理负担太重的韦晴光陈龙灿第一局输了。这不是韦晴光和陈龙灿的作风，乒乓球是技战术含量极高的精细项目，任何不成熟的心理负担都难免导致失败。拼了，人生难得几回搏，此时不搏，更待何时？顶住巨大压力，从第二局开始，韦晴光陈龙灿顽强奋战，奋勇拼搏，一个把持近台，一个负责中台，配合默契，球路灵活，打得虎虎生气，把"中国乒乓长城"的勇气、斗志、虎气、霸气展示得淋漓尽致，势如破竹地战胜前南斯拉夫选手普里莫拉茨和卢布莱斯库，不负众望地摘下了男双这枚弥足珍贵的金牌。

这是第24届奥运会中国军团的第四枚金牌。接着，可能是韦晴光陈龙灿夺金之势鼓舞吧，陈静、李慧芬、焦志敏将女子单打的金银铜全部拿下，也就是汉城奥运会中国军团的最后一金。

后来，人们称韦晴光陈龙灿的夺金叫做"摧锋于正锐，挽澜于极危"，恰如其分。

这一年，韦晴光当选"全国十佳运动员"。

1990年，韦晴光退役后，被公派日本留学。一边学习一边打工的韦晴光，业余时间也摸摸乒乓球拍。那时，日本乒乓球已是江河日下，从奥运会冠军神坛上走下来的韦晴光，随便摸摸球，竟也玩出个日本男子单打冠军。而当时日本经济如日中天，各企业体育俱乐部被认为是回报社会的一种公益事业，经济盛期的企业颇有挥金如土的气势，他效力的企业曾是九洲岛最大的连锁超市集团，店铺过百，员工上万，财大气粗，但旗下的乒乓球俱乐部却实力平平，在日本只能算是二流俱乐部，韦晴光的加盟，使俱乐部如同打了一支强心针。他多次代表企业在日本各类赛事中赢得骄人战绩。在日本取得这样的战绩并非容易，那时，在日本打球的有丁松、刘伟、阎森、陈龙灿、李慧芬、何智丽、乔红一大批前国手，加上从各省队退役的乒乓球运动员，就有一百多人，各自都代表自己的企业在打，一批中国前国手以及各国前国手在日本打球，日本社会人比赛水平自然不低。

1997年，韦晴光加入日本国籍，改名伟关晴光，到大使馆办理退出中国国籍那天，他与夫人石小娟一直沉默，夫妻俩默默相望，却无话可说，这不是一个简单的决定啊。

原因是，经过几年平稳也平淡的生活，韦晴光内心仍渴望参加高水平的赛事，仍希望有机会在国际赛场上驰骋拼搏；在人才辈出的中国，退役了的他已经不可能重披中国队的战袍征战了，而在日本，要想参加全国锦标赛，并因此获得世界杯入场券，除了加入日本国籍之外，别无选择，他不想就此结束自己的挑战生涯啊。是啊，雄鹰永远向往翱翔蓝天，骏马永远想驰骋草原，乒坛悍将韦晴光哪有不怀念热血沸腾惊心动魄斗智斗勇掠金夺银的战场啊，真正的战将施展才华的天地不是饭局，不是宴会，不是商场，不是官场，是战场啊。

其次，他所在的熊本县1997年日本全国运动会将在该县召开，县内住着一位奥运冠军，自然是夺取金牌的最大保险，荣誉感很强的当地人很希望他能"帮一把"。为顺利办理手续，曾任日本首相的细川户熙也出面了，细川户熙也是熊本县人啊。这样盛情之下，他很难推却，何况这几年，他在熊本县受到各方面不少的关照，于情于理，都应该帮一帮呀。

事实证明，他宝刀未老。多次获得全日本男单冠军不说，1998年，他36岁时，代表日本队夺得亚锦赛男单亚军和那年的亚洲运动会男团季军，2000年，他38岁了，还代表日本队征战世乒赛，为日本队夺得久违了19年的团体奖牌。

一个乒乓球运动员代表中国和日本两国取得辉煌战绩，在人才济济众星闪耀的中国乒乓球队脱颖而出，多次登上世界乒坛的最高领奖台，在高手如云的日本乒坛取得巨大成功，用韦晴光自己的话来说，他的身体条件和技术打法在中国和日本都不算出众，所有的荣誉都是靠后天不懈努力和毫无畏惧的拼搏精神而夺取的。

他很谦虚。日本前世界冠军伊藤繁雄说，"像伟关晴光那样用激情打球的人很少，他是个勤奋的天才，他对日本选手影响很大。"日本男队教练宫崎义仁对他的评价是："伟关对生活和比赛完全不一样，平时善良谦虚，对每一个人都非常友善，像猫；打球时从不放松，像狗。"

2009年世乒赛在日本横滨举行，中国队又囊括五个单项的金牌，其中男单、男双、女单、女双前四名全是中国队包揽，大获全胜的同时，日本队的一批小队员的表现让人吃惊：淘汰香港名将贴雅娜的日本小将石川佳纯才16岁，险些将马林斩下马的松田健太也是16岁，更有一位狠劲十足视野开阔球路刁钻的丹羽孝希才14岁，这批小将虽然本届世乒赛没有取得骄人战绩，还不足以成为中国队的拦路虎绊脚石。经验丰富的中国教练们谁都心中有数，谁都不敢掉以轻心，这批运动员年纪太小了，简直就是青年队少年队，太嫩了，目前尚不足以形成威胁，然而，假以时日，这些锐气十足锋芒毕露的雏鹰长大羽毛丰满，未来世界乒坛必有这批人一席之地。一批令人提心吊胆的日本未来之星啊。由此有人断言，未来能与中国乒乓长城争锋的必是日本队。

谁都知道日本的体育与中国不同，我国注重竞技体育，有完整完善的竞技体育的体制和运作方式，各省市都有体校、体育局，各县市体育局体校任务就是在全民当中发现人才，培养人才，然后送省队，省级队已经是职业运动员了，职业运动员食住就不用愁；进了国家队成了主力队员，好了，衣食住行全由国家包了，训练有教练，打法技战术有教练组；打法不够全面，教练会挑选人来给你陪练；一切不用你操心，你只需好好练球打比赛就行了，有整个国家体制保姆式的培养训练，再打不好比赛，怎么也说不过去了。日本体育是以健身和兴趣为主，除了相扑、足球等极个别项目外，绝大部分体育项目没有职业运动员，乒乓球运动在日本虽然很多人喜爱，但中小学生课外打球就得自己花钱，花钱找场地，自己出钱请教练。你打得好了，代表国家出战国际赛事了，国家才给点钱，而且这点钱根本就不够，除非你拿了好成绩。韦晴光为了能当教练，辛辛苦苦学通日语，钻研各种教材，考了教练资格证，执照等，当上日本国家队教练，而日本国家队教练是义务的，没有人给你发工资。对运动员、教练员就是扣，扣到你难以想象地步。所以，成名之前的日本运动员在成长的道路上用"自食其力自生自灭"、"举步维艰"的词来形容，一点也不过分。因此，曾被当做"国球"的乒乓球在日本出现江河日下的困境。

韦晴光石小娟这对乒乓夫妇，在中国，乒乓球作为两人的事业；到了日本，夫妻俩还是与乒乓结下不解之缘：乒乓球不仅让他们为国争光，现在又让他俩回馈于生活，发展他们所热爱的乒乓球教育事业，做中日友好交流的使者。球无止境，球无国界。来往于中日两国之间，时时组织邀请一些日本选手来南宁参赛，以乒乓为媒，增进中日友谊，为南宁的对外开放，国际交流作些该做的事，他体会最深的是，球无国界。

日本队跨越式的进步太让人吃惊和担心了。有心人发现，日本有个青森山田学院，参加横滨世乒赛的锋芒毕露的日本队12名队员当中有9人来自这个学院，这个学院的乒乓球教练就是伟关晴光。日本队的金童玉女丹羽孝希和石川佳纯都在这家学院接受训练，这对金童玉女的教父就是韦晴光。

2007年，45岁的韦晴光正式挂拍。退役后的韦晴光变成了普通人了，乒乓球已经不是主业，但他还是心系乒乓球。在日本生活了十几年了，他懂得，解决日本队的困境不是他一个人能做到的事，但他还是在做，做力所能及的事，推动乒乓运动的普及和提高，用非常符合日本实际的观念来传播乒乓球理念、管理、训练以及技战术发展等等。

他在做，他做到了。

有人说，韦晴光是锐气十足面目一新的日本队幕后的功臣。

也有人说，韦晴光在做他想做和该做的事的同时也弘扬了中国形象和中华文化。

韦晴光(右)与陈龙灿合作获得奥运会乒乓球双打冠军(1988)

唐灵生

唐灵生12时从临桂县保宁乡一个乡村小学转学到了临桂县五通镇小学，转
学的原因很简单，五通小学有个传统强项，业余举重训练全县有名。五通
小学业余举重队的教练就是唐运桂。刚到校举重队时，唐灵生由于家里条件很不
好，常常吃不饱肚子，好几次都不想练了。唐运桂感觉唐灵生是个好苗子，小小年
纪，力量可不小，这样的苗子并不多见。练举重的小孩消耗大，肯定吃得多，饭量
大，因家里条件差而不练了，太可惜了，就叫他到学校寄宿，还帮他垫了伙食费。
有了这位乡村业余教练的支持，唐灵生训练才得以坚持下来。

那一年，11岁的肖建刚也加入了训练队，肖建刚来自名气很大的举重世家，他
的叔叔肖明祥曾获世界冠军，当地人可说是无人不知没人不晓。乡村体育教师门下

江泽民等时任党和国家领导人与唐灵生等获奖运动员合影(1996)

一下子来了两个天生有力气，脾气都犟，不服输的弟子，唐运桂可高兴了，识得好苗懂得珍惜好苗子的他，自然严格要求严格训练，从不放松。有天赋的小孩也淘气，有时也会调皮偷懒什么的，只要不好好训练，教练就会板着面孔罚两人举着长条凳蹲马步。这一蹲就是十几分钟，两人倒挺有种，马步一扎规规矩矩蹲在那里，比耐力似的一声不吭。教练看着心软嘴巴不软，棍棒底下出高徒，要强的孩子，有灵性的孩子，不严格训练怎成大器？

　　1985年，14岁的唐灵生进入广西体工队，1987年他开始接受系统的专业举重训练。1989年，在沈阳第二届全国青少年运动会上，18岁的唐灵生以总成绩262.5公斤获56公斤级第三名。1992年，21岁的他进入国家队，此后他顺风顺水一年一个脚印，比赛成绩不断攀升，1995年亚洲举重锦标赛，唐灵生就获得三项冠军，并打破

基地，跟他的启蒙教练唐运桂聊天。恩师唐运桂现在也是名人了，一名乡村体育教练，门下两个弟子，同时代表国家征战奥运会，肖建刚表现也强劲，亚特兰大奥运会上斩获64公斤级铜牌，1997年世界举重锦标赛获得挺举和总成绩两项冠军。这位乡村教师的贡献太突出了，1996年，唐运桂被国家授予"世界冠军启蒙奖"和"全国业余体育训练先进工作者"称号，1997年，被评为"全国群众体育先进个人"，并享受国务院特殊津贴。恩师贡献巨大，依然安心基层工作，唐灵生很是敬重。重情的他到老师那里自然不光是看望老师，聊聊天，在这个举重基地，他还可以指导小队员们科学训练。从这里走出去的奥运冠军，回到家乡亲临指导，乡亲故里的小队员们训练自然更认真了。

临桂人杰地灵，世人皆知。明清两朝，广西出了711名进士，有242名是临桂人；中国科举史上，广西出了九位状元，五位是临桂人。一方水土养一方人，人杰地灵的临桂，"一日师，终身父"之情特浓特纯。唐灵生敬重老师，厚爱小队员，除了重乡情师恩情之外，还有一种是真诚地回敬回报故里乡亲。而且，唐灵生的回敬与回报做得那么朴实，那么纯真，大概就是人杰地灵临桂精神的一种传承沿袭吧。

经营管理果园的同时，唐灵生也应邀担任桂林一家广告公司执行董事。这项工作对他而言，又是一个新挑战。广告公司业务多，客户广，唐灵生把奥运精神用到办实业中去，多留心多学习，很快便学会了广告知识和掌握了工作方法。他代表公司到一些客户进行广告洽谈，往往都能提出一些好的建议和意见，使客户和公司都非常满意。

作为一个名人，经常有人邀请他参加各种社会活动。而他最乐意参加的就是与体育、奥运有关的活动，这是一种奥运情结，心中难舍的体育情怀。像那年在桂林参与奥运圣火传递活动，他特兴奋特激动。他觉得，奥运圣火传递是点燃同一个世界的爱心，传递同一个世界美好的梦想，奥运精神是不分国界、不分民族，在力与美的对抗中，传递和

生活中的唐灵生

沟通友谊的桥梁，奥运赛场是最纯洁的净土。

　　下过海，经过商，几年之后他最终还是选择回到他心爱的体育事业。2008年9月，唐灵生和他的师弟陆永一起就读于桂林师范大学，成为该校运动训练专业的本科生。

　　昔日的奥运冠军，他注定与体育永远有难解的缘。

　　"就像古希腊神话中的英雄安泰一样，把几乎三倍于自己体重的杠铃高高举过头顶！全场观众惊愕不已，竟有裁判惊讶得忘记了给出成功信号。他似乎忘掉了一切，直到他的教练泪流满面地冲上台叫着：放下！放下……"这是一则新闻报道对1996年亚特兰大奥运会举重赛场精彩一幕的描述。这位"力拔山兮气盖世"的中国选手就是唐灵生，他为中国男子举重队夺得时隔12年的又一枚奥运金牌，也再次举起了广西在世界举坛的声名

李婷

入水芙蓉落云霞

　　在雅典奥林匹克水上综合中心进行的女子双人十米台跳水比赛，李婷与队友劳丽诗配合几近完美，以352.5分的绝对优势夺得女子双人十米跳台冠军。

　　这位侗族漂亮的小姑娘，永远不会忘记人生最辉煌的那个日子：2004年8月17日。这一年，她17岁。

　　李婷是广西唯一获得第28届雅典奥运会金牌的运动员。她夺得的这枚奥运会金牌为广西创下了三个第一：广西第一位获得奥运会金牌的女运动员，第一位获得奥运会金牌的跳水运动员，第一位获得奥运会金牌的侗族运动员。

　　在人杰地灵的广西临桂，有一对长得如花似玉几乎一模一样的两姐妹，娇艳鲜嫩的花儿有个幸福的童年，这和几乎全世界有双胞胎的父母亲都相似，有两个小天使的父母亲，喜欢给自己心爱的女儿穿着一样鲜艳的衣服，于是两个美得像鲜花一样的小女孩不论走到哪里，立刻会引起所有人的惊羡："哇，谁家双胞胎的小丫头，太漂亮了！"

这对双胞胎还有个姐姐，天生爱运动的小姐姐先是练体操，不久改练跳水。三个天生丽质的小姐妹感情太深了，深到姐姐干什么，旁边都可以看到双胞胎的妹子，只有一个词才能表达这种深情：形影不离。姐妹仨似乎与水特有缘，才6岁的双胞胎很快被跳水迷住了。三姐妹一样都喜欢跳水，与水有缘的情意就凸显出来了：每天凌晨4点多钟，三姐妹便自觉起床了，5点整就去到体校参加训练。天天如此，从来不用父母亲督促操心。6岁的小女孩，便表现出与跳水有如此深的缘和不变的痴情，持之以恒坚韧的毅力也就练出来了。

这是1993年。

1993年，6岁的小孩是怎么样，相信那时的小孩与做小孩的父母现在还记忆犹新：那时百分之九十九点九的小孩还在父母的羽翼下享受着悉心呵护，早晨5点钟、6点钟是用不着起床的，同样百分之九十九点九做父母的也用不着这么早去看孩子是否起来。比别人起得早的有句话儿说得很形象，叫做笨鸟先飞；比别人先起床的也有句话儿说得好，说的是：早起的鸟儿有虫吃。

这对姐妹花就是李婷和李娆。

有缘有分与毅力结合完美的体现的是，仅仅一年，7岁的姐妹花就被广西体校看中。不管是笨鸟先飞也好，还是早起的鸟儿有虫食也好，广西体校选中这对姐妹花了，广西最好的体育运动学校看中了，这就说明，初见成效了。1994年，7岁的李娆李婷便离开父母亲，告别临桂，来到广西首府南宁。

初来乍到，广西跳水队墙壁上非常醒目的"全国"、"亚洲"、"世界"、"奥运"八个大字，一个人小志大的梦想便在这对姐妹花心底深处产生，两人决心要按这个顺序，逐个登上冠军的领奖台！虽然小小年纪，父母亲就不在身边，但是为了同一个梦想，共同的爱好，共同的追求，姐妹俩相互照应，互相鼓励，跳水馆里，两人一起训练；吃饭时，两人一块去食堂；晚上睡觉，两人还睡一个被窝。长久的形影不离，加上又是双胞胎，几乎一模一样的长相，一样的身材，她俩在跳台上的默契便超乎常人。1999年，12岁的两姐妹第一次参加双人比赛，就拿了全国第五名。2000年全国跳水锦标赛，两姐妹一举登上双人十米台的冠军领奖台。姐妹花首次进入全国跳水运动高水平运动员之列。

于是，双胞胎姐妹俩便顺理成章入选国家队，代表中国参加国际泳联跳水系列

大赛，2001年友好运动会，姐妹花默契配合，获得女子十米跳台双人冠军；2001年国际泳联跳水大奖赛莫斯科站，李娆、李婷又拿下十米跳台女双跳水冠军，天生的默契与运动的灵感合一，孪生姐妹花并蒂绽放，美丽的笑脸犹如艳阳天。

这时的李婷、李娆14岁。14岁的李娆、李婷面前的路金光闪闪。

2001年第九届全国运动会，娇小美丽的姐妹花一出场就让所有人眼前一亮，14岁少女的美青春的

美亮丽无比，双胞胎跳双人具有旁人无法比拟的优势。然而，14岁的姐妹花毕竟太年轻了，姐妹俩获得女子双人十米台的第三名。而同是这次比赛，广东运动员劳丽诗异军突起。

有"跳水王国"之誉的中国，高水平的运动员层出不穷，为了达到高水平运动员最优化组合，国家队2001年进行了队员搭配调整。调整后，国家队姐妹组合跳台生涯由此结束了。

2002年第14届亚洲运动会，15岁的小丫李婷与段青搭档夺得女子双人十米台冠军，这是李婷个人职业生涯的第一个亚洲冠军，终于尝到了亚洲女双冠军的滋味了，与自己一起举起金牌的不是李娆。心中有大爱，含泪舍小情，虽然李婷更愿意与同胞姐妹一起同举金杯，但祖国的荣誉高于一切，15岁的她已经懂得大爱与小情如何取舍了。

2002年第13届世界杯上，15岁的李婷与同是15岁的广东姑娘劳丽诗搭档显示出巨大威力，一举夺得女双十米台冠军，这是李婷第一个世界冠军；同时，她还获得单人十米台的第三名。15岁的临桂少女，含苞欲放时就获取一金一铜优异成绩。

2003年第10届世界游泳锦标赛，16岁的李婷与劳丽诗两人搭档女双十米台，再

2005年世锦赛，李婷即与郭晶晶夺得世锦赛金牌。

这位世锦赛双人三米板的新科状元实在太厉害了，李婷不仅与郭晶晶搭档显示出她非同一般的适应能力，在接下来的在土耳其世界大学生运动会，18岁的李婷与莫瀚娜临时搭档，居然也拿下女子双人十米台金牌。

这就证明，李婷十米跳台和三米跳板两项兼练是成功的，是游刃有余的。

第一次参加世界大学生运动会就捧了金牌对已经拿了奥运会冠军的李婷来说，这枚金牌的分量自然不会太重；然而对于同样是第一次参加大运会的莫瀚娜来说，却意义非凡，赛后接受采访时，莫瀚娜一再对自己的搭档表示感谢，她对记者说："李婷的自信与乐观给了我很大的信心，没有她的鼓励，我实在不知道自己能否顶得住最后那几跳的巨大压力。"这说明，李婷不但能在大赛中表现稳定，展示自己的才华，同时，她还能以自己特有的方式影响和鼓励同伴，让她的搭档在大赛中一起同样展现才能。18岁的李婷成熟了，举手投足之间已经有了帮助和影响同伴姐姐的风范。

国际泳联系列大奖赛，她与郭晶晶同心同德，沉着应战，意气风发乘风破浪似的一气拿下美国、加拿大、德国、悉尼、中国的珠海连续五站冠军。太出色了，人们把这对搭档称为"黄金组合"。

2006年游泳世界杯，李婷与郭晶晶又一次成功问鼎。

2006年的多哈亚运会，这对"黄金组合"毫无悬念地将这枚亚洲运动会金牌收入囊中。几乎所有人都看好这对"黄金组合"，不少人都认为，李婷将与郭晶晶携手参加2008年北京奥运会。

如果把这个时期叫做"李婷时代"大概是当之无愧。这个时期，李婷不管跟谁搭配，到哪里比

赛，大都是逢战必胜，锐不可当，所向披靡。当然，也有失意之时，那就是2005年的全运会。2001年的第九届全国运动会，李娆与李婷这对姐妹花出现时，几乎所有在场的人都惊为天人，那一届全运会很多圈内行家看好、认为很有水平的姐妹花仅仅夺得一枚铜牌，当时，姐妹俩才14岁。四年过去了，2005年的第十届全运会，姐妹俩18岁了。18岁的李婷和李娆都满怀信心地要为广西夺一枚金牌。然而，天不尽如人意，人算不如天算，第十届全运会的女子双人跳，姐妹俩一开跳便信心十足地展现了对金牌的志在必得，而且很有希望地从预赛到决赛一路领先，直到最后时刻才被追上，遗憾地收获一块银牌。

失去了这枚最想要的金牌，记者采访时，李婷和李娆还是脸露甜美的笑，"冠军很棒，可是我们也不差"。采访结束，众目关注之下，姐妹花手牵手，说说笑笑离开赛场，优雅闲逸地表现了自信和大气，给人留下的感觉是，姐妹俩只要能并肩作战，便是最大的幸福。她俩才18岁，18岁的姑娘有的是机会。盼望了四年的金牌失之交臂，不，应该说，连续两届全国运动会与冠军无缘，姐妹俩的难过不言而喻。即使仅仅拿到银牌，姐妹俩美丽依然。尤其是李婷，双胞胎的姐妹，姐姐李娆与自己几乎一样的长相，一样的身材，一起学跳水，付出的努力也是一样的，甚至，姐姐的付出更多一些，然而上天似乎只垂青自己，李婷太顺利太光彩夺目了，尽管李娆取得的成绩已经让许多运动员羡慕了，只因是光芒四射的李婷的姐姐，她便黯然失色。

2007年4月15日，国际跳水冠军巡回赛珠海站比赛，李婷在女子3米板决赛中以389.5的高分力压群英，夺得金牌。

逢战必胜，连续夺冠没有什么秘密，训练时间和训练质量的同时提高是夺冠最重要的保证，当然，无可否认，以国家跳水队"一姐"郭晶晶为榜样是李婷长期坚持刻苦训练、从不松懈的动力之一。从郭晶晶的身上，李婷感悟到：最成功的人往往是训练最刻苦的人。向郭晶晶学习，要达到郭晶晶那样的水平，首先，就要像郭晶晶那样训练，训练，再训练，永不满足，从不骄傲。

就在李婷全力向北京奥运会发起冲击之时，就在她被众多圈内外行家看好之时，一场噩耗悄悄向她袭来，胫骨骨膜炎开始困扰她了，"小腿内部不时地疼，有时候正常训练都无法完成"。伤病缠身，正常的训练就无法继续；训练不正常，李婷的状态自然下滑。中国跳水队高手如云，李婷的状态一下滑，与郭晶晶搭档的位子就保不住了。失去与郭晶晶搭档的机会，明眼人都知道，她将失去参加北京奥运会的机会。

李婷的伤病，根源于过度疲劳，运动量过大。要想尽快恢复，就必须好好休息。但是备战北京奥运会迫在眉睫，李婷不想落下，第一次在自己的祖国举办的奥运会，没有一个运动员愿意放弃在北京为国争光的机会。所以，伤痛未愈，为了能

跻身2008年奥运会阵容，她又逼迫自己练习。于是，每日里，她都在训练与休息中作挣扎。训练，对养伤绝对不利；休养，预示着离北京奥运会的舞台越来越远。左右为难，这让她陷入极度焦虑中。

备战奥运会的日子是飞快的。2008年4月，国家跳水队公布出征北京奥运会的名单，李婷落选了。

尽管无缘征战奥运会赛场，李婷还是去"鸟巢"观看了开幕式。8月8日那一晚，李婷坐在国家体育场的看台上，面对偌大的场馆，人山人海的观众，听着震撼心灵的音乐，这位侗族姑娘突然感觉无尽的失落。是啊，她原本可以站在这个盛大的舞台上的，如今，她只能眼睁睁地看着队友在比赛，自己在一旁充当看客。

是啊，人的一生会有很多的无奈。当北京奥运会成了下一个奋斗目标华丽的梦想，而这个梦实在太华丽了，以至于梦破梦碎如心碎时，心碎无痕——她已经尽最

大的努力了，她已经奋不顾身地奋斗过了。

坐在这个看台上，这位侗家女孩学会了人生很重要的一课——失去。

光阴荏苒，日月如梭。2009年6月，为了迎接第11届全国运动会，国家队暂时解散，李婷重回广西队。又一次与双胞胎姐姐李娆朝夕相处，李婷很平静很开心地备战全运会。连续两届全运会李娆李婷与金牌无缘，这一回李婷伤病还没好，能否参加10月份在山东举行的全运会尚未能保证，于是她只能以良好的心态，良好的姿态，对待养伤和训练，耐心地等待良好的状态。

第11届全国运动会这对侗族双胞胎姐妹花还是没能圆了她俩企盼已久的金牌梦。

北京奥运会离她而去。

11届全运会也离她而去。

李婷反而更加平静，更加坦然。"过去了就过去了，不能因为犯了错误而影响下一次的起跳。"一再失去，这位侗家姑娘更成熟了。她依然斗志昂扬，一如既往地训练、备战。她的目标，已经锁定2012年的伦敦奥运会，"那时，我才25岁，只要能坚持，一定能行"。

李婷很从容。尽管面对体育成绩我们从来不从容。

"意志，总在忍耐和和磨炼中变得坚强；人生，总在拼搏和进取中获得成功。"这是美女李婷的语录，我更愿意理解为李婷人生追求的信念。

有志人自华，更何况已戴过奥运桂冠的临桂美女李婷。永不放弃的李婷，我们有理由相信，成熟与自信伴随着她，坚定的信念支持着她，她以后的人生会更美的。

陆永

LUYONGJINGSHIYIJU
BAQIHAO

惊世一举霸气豪

腕、挺起，一系列动作一气呵成，完成得干脆利落，规范又漂亮，三名执行裁判都同时亮白灯判定成功啊，怎么会出现仲裁改判呢？现场的观众，特别是来自广西的小伙子的加油团，没有人敢相信这是真的。

远在千里之外广西三江侗族自治县大礼堂里的父老乡亲们全呆了，这个意外的改判让成千上万三江人刹那间从兴奋的顶峰跌入深渊：怎么回事？三个执行裁判的三盏白灯不是同时亮了吗？三盏白灯亮了不就是成功了吗？已经成功了的挺举还能改判吗？观看比赛的人没有一个想得通！无数疑虑疑惑疑问立刻困扰人们，这里面有没有猫腻啊？然而，父老乡亲们心里也清楚，他们没有时间，也没办法去追究了，唯有的，他们最关心的小伙子还有最后一次试举。

坐在电视机前的全国观众也都蒙了，高清电视的现场直播，所有关注这一举的观众们都清清楚楚地看到，小伙子流水行云干净利落地奋力挺起，完全是很规范的成功一举呀！凭什么改判啊？

这一刻，全世界的观众都蒙了。

这一刻，无数人的心都提到嘴边。谁都知道，小伙子刚才的那一举已经是竭尽全力的一举，这一重量已经是世界最好成绩了（这是对手刚刚才创造的新的世界纪录），在奥运会这个世界最重大的赛事上能举出世界纪录的重量已是难上加难了，而难上加难的挺举的成绩偏偏又不算，这是无理由改判啊！出现这样的突发事件，小伙子的情绪必定遭受毁灭性的打击，心理和情绪遭受如此重创，压力扩大化了，心理压力如此巨大，他能承受得住吗？在紧接下来的第三次试举，他还能再次举起214公斤杠铃吗？

那一刻，几乎所有懂得举重比赛规则规程的内行人个个生气。有道是，外行看热闹，内行看门道，行家们个个懂得，"三名执行裁判同时亮白灯判定成功的情况下，仲裁根本没有任何理由进行改判"。

陆永获得奥运会冠军

自治区体育局局长容小宁与陆永传递全运火炬

在北京奥运会这样重大的比赛场上，在数十亿人众目睽睽之下，发生"无理由改判"这样的突发事件，是开玩笑吗？简直就是乱判、错判、误判，简直就是毫不讲理的滥用职权！无理由改判，怎不叫人气愤？

关键的时刻，出现逆境，所有人都为他提心吊胆了。

那一刻，最担心他的人是他的教练王国新。"无理由改判"让王国新非常生气，异常恼火，别人不知道，教练却非常清楚，他的爱徒刚才竭尽全力的那一举，强劲的爆发力让他挺举时手心竟扯翻一大块皮，鲜血直流！为夺取这枚金牌，爱徒付出如此巨大的代价，居然让人说废了就废了。这是最沉重的打击，委屈是明摆的，而且是判你无效就无效，只能服从，没得商量。他最担心徒弟的手伤了，"手上掉皮以后，再发力拉杠铃时，会疼痛钻心。委屈与手上有伤，他还能再次举起来吗"？难怪王教练气愤，难怪王教练担心，爱徒才22岁，第一次参加奥运会这样重大的国际比赛，22岁的年轻人，就遇到这种逆境，不，简直就是濒临绝境，他的弟子能够在逆境与绝境中再次雄起再次挺起吗？除非——出现奇迹。

之间的较量。当雷巴科夫最后一举成功举起209公斤重量时，他的成绩比原世界纪录高出了1公斤，并以394公斤总成绩打破了由他自已保持的世界纪录，放下杠铃，雷巴科夫激动地挥舞拳头，他已经在庆祝了。但是，中国的大力士没有让他笑得太久，陆永在第二次试举将杠铃重量加到214公斤，举得起来就意味着成功。首次试举214公斤时，裁判却跟陆永开了个玩笑，判了试举成功不到一分钟，裁判又更改判决，以陆永动作不合格改判此举无效。陆永还有一次机会，最后一举，陆永以无可挑剔的技术动作举起了214公斤，连裁判都为他喝彩。于是，陆永以一枚金

陆永与他的教练陶闯

牌为中国举重队在本届奥运会上的表现画上了一个完美的句号。

当陆永的手指气贯长虹地直指向天，驰名世界的媒体路透社为此举折服，以少见的大把点评和赞赏，"处惊不变"，"临危不惧"，"镇定自若"，"顽强拼搏"，"惊人之举"等几乎所有溢美之词和心里的敬佩全都送给他。

看着金牌在陆永胸前挂着，目送五星红旗伴随着激昂的国歌冉冉升起，广西体育局党组书记、局长容小宁动情地说："这枚金牌是陆永'祖国爱'、'民族情'、'人生梦'高度统一的结晶。"

陆永豪气冲云天的一举，让他凭空增添了无数"粉丝"。50多岁的查理是主转播商的一名工作人员，他看了15日晚赛况直播，深为陆永的气度气魄折服。第二天，在奥运村看见陆永，查理连忙跑过去，请求与陆永合影。查理特别兴奋，一个劲冲陆永竖起大拇指。当陆永称他为"美国朋友"时，查理紧握着陆永的手，用不太标准的汉话说："是美国'哥们'。"那些日子，陆永不论去到哪里，都会有人请求与他合影，有人向他竖大拇指，有各国的"哥们"，也有各国的"姐们妹们"，所有人都对他敬佩敬重。他成了奥运村里最受各国"粉丝"们欢迎的村民。

陆永豪情万丈一指，无数国人、无数网民以各种各样不同方式向陆永送去祝贺

祝福和问候，油然而生的敬佩之情，敬爱之意，如同漫天飞舞的雪花漫无边际纷至沓来。真个是：一举牵动万人心，一息连系无数情。这是北京奥运会最具魅力的一举！情动天地的一举！

　　赛后，有人向仲裁委员会技术官员了解陆永第二次试举被判无效的原因，一位技术官员解释说："陆永这一举是站稳了，但是有一只臂伸得不够直，所以，仲裁委员会判他这一举成绩无效。"另一位技术官员说："这也是一个可判可不判的小动作。"所有的官员都承认，陆永的第三次试举，无可挑剔，无可争议，以实力来证明自己。

　　国家体育总局局长、北京奥运会中国体育代表团团长刘鹏在北京奥运会总结大会上，特别指名道姓地说："举重运动员陆永在关键时刻处惊不变，尊重裁判，尊重对手，沉着冷静，从容大度，以强大的实力和坚定的信心夺取了一枚宝贵的大级别举重项目的金牌。"

　　实力强大的一举，气壮河山的一举，一举让世界尊重中国。

陆永接受央视采访

三江县老堡镇有个古老偏僻的东竹村，东竹村有个东冷屯，得天地之造化，山山绿树成荫，溪流清清，景致十分迷人。山美水美的"七山一水二分地"的环境对犁锄务农不利，屯里100多户人家，侗、壮、汉、苗多民族杂居，长期融洽相处，同甘共苦，倒也邻里和睦亲切友好。改革开放，山村面貌有了改善，然而边远山区地理环境，村民的生活依然艰苦。为此，不少村民走出大山，外出打工，寻求改善生活。

　　侗族村民陆启玉就是其中之一。1993年，他和妻子带着七岁的儿子离开祖祖辈辈生活过的大山，举家来到三江县城。一个农民，想让儿子在县城读书不是件容易

的事，需托人求情，需交"借读费"等，夫妻俩咬紧牙关，硬是把儿子送进县城古宜镇中心小学。为了生活，陆启玉做一份替人守门的临时工，妻子则在街头巷尾摆流动小摊，卖点侗家风味小吃。夫妻俩工作之艰辛不言而喻，但为了儿子，两人默默地忍受了。

小陆永刚进学校时，性格有些内向，内向的孩子不失山里人的质朴、诚实、机灵，这就深得班主任居焕娇老师喜爱。居老师对这个小孩特别关注，不断鼓励他参加学校的各种文体活动。老师的谆谆善诱开导，小陆永很快融入学校的新环境，并很快表现出侗家人的优秀品

格：学习刻苦，好人好事争着做，集体荣誉感很强等。居老师看在眼里，喜在心里：这孩子将来有出息。

1996年，三江籍人蓝世章获得世界锦标赛举重冠军，这是三江侗族自治县有史以来的第一位世界冠军，也是侗族史上第一个世界冠军。这年5月，蓝世章回到三江，三江县人民政府为他举行隆重的表彰大会。侗族的第一位世界冠军荣归故里，学校选派陆永作为学校向世界冠军献花的学生代表。小陆永高兴极了，不仅仅是自己有幸向亚洲大力神献花，而且这位世界冠军就是自己的表叔。

在献花仪式上，当陆永怀着崇敬的心情向中国第一个举起比自己体重重三倍的世界冠军献花时，这位表叔从自己表侄手中接过鲜花，蓝世章突发奇想似的竟将胸前的金牌摘了下来挂到小陆永的脖子上。小陆永顿时满脸通红，贴在心窝上的世界冠军金牌让他心跳激烈无比激动，他爱不释手地抚摸着金光闪闪的奖牌，还带着表叔体温的金牌蓦地在懵懂少年的他心里闪过一个念头：有朝一日，自己也要像表叔一样，登上世界冠军的领奖台，让世界冠军的金牌真的挂在我陆永的胸膛！

就是那一刻，小陆永就憧憬金牌梦。

这一年，陆永10岁。

　　不久的一天，陆永在三江县业余体校旁的灯光球场打篮球，正好被过路的县业余体校教练兰燕云看见了，小陆永结实的身材，反应机敏，灵活又柔韧，立刻引起兰教练的注意，一番细心观察后她认定：这孩子有运动天赋，是个练习举重的好苗子。

　　兰燕云是个有心人，她找到小孩的家，亲自向陆启玉说明来意。不料陆启玉见识不多，居然也懂得体育训练容易造成意想不到的伤害，望子成龙的父母自然不肯答应。哪知小陆永懂得兰教练来意后，兴奋异常，一直拉着兰教练的手，久久不愿放开。陆启玉夫妇见儿子如此，就知道孩子心意已定，虽然他俩不明白儿子为什么对练举重这种沉重吃苦的体力活情有独钟，但知子莫如父，孩子态度坚决，与其阻止莫如顺着他罢了，只好同意他跟兰教练到县业余体校练习举重。兰教练不仅有一双慧眼识英才，而且，还有情有义，陆永家庭困难，陆永练举重后，为了打消陆启玉夫妇顾虑，让陆永能安心训练，兰燕云还替陆永垫付了几年的"借读费"。

　　就这样，小陆永刚刚踏上追梦之路，就感觉得到在这条路上，除了父母之外，还获得多了一份爱，无私帮助。

　　三江县是国家扶贫开发工作重点县，贫困县的业余体校条件简陋得令人难以想象，光线昏暗的举重训练房仅有30多平方米，训练设备更简陋，仅仅几副杠铃。简陋的训练馆缺的东西很多，发黄的墙壁上"刻苦训练，顽强拼搏，勇夺冠军"十二个大字却十分醒目，一声不吭地告诉人们，这里人穷志不穷，有志者的路该怎么走。

　　就在这座简陋的业余体校，陆永开始了他历尽艰辛的圆梦之路。每天早晨五点钟，他便出门跟兰教练去跑步；耐力训练完了，再抓起沉重的杠铃重复着"抓起、放下；再抓起，再放下"枯燥的力量训练。早上训练完了，再去上课。放学后还要

继续训练。这样，小陆永就比别的孩子累，体力消耗很大。天天如此，不管寒冬酷暑刮风下雨，从未停止。因为家里困难，训练时他比任何队员都勤快、努力，有时下雨，其他的队员都不来了，陆永一个人也跟着教练去跑步。

兰燕云为了让陆永训练正常，让他来业余体校与其他队友同吃同住，十几个各民族爱好体育的小孩挤在简陋狭小的棚屋里。每天一大早，兰教练把米倒进一个大电饭锅插上电，才去指导孩子们训练；训练结束趁孩子们洗澡时，她又匆匆忙忙洗菜、切菜、炒菜；孩子们洗完澡，早餐也做好了，待孩子们吃了早餐去上学了，她才能做别的。一年四季，天天如此。除了尽心尽力指导孩子们训练外，还经常将自己不高的收入用来资助贫困的农家子弟。兰教练就这样"当爹当妈"地对待小运动员们，为让她的弟子们共同训练、共同进步，她任劳任怨，不辞劳苦。

陆永也把教练当成和父母亲一样值得信赖的人，他按山里人的习俗，将教练亲

切地称为"老姐"，教练也很乐意接受这个不见外的称呼。他们像一家人似的，有什么心事徒弟都愿意对"老姐"诉说，"老姐"对他不仅疼爱有加，传道、解惑，小陆永哪样离得开这位不是亲人胜似亲人的老姐？

就这样，兰教练与陆永朝夕相处了6年多。呕心沥血的身教言传，严格训练，精打细磨，陆永肩膀宽了，肌肉壮了，体形好了，坚韧的毅力也也磨炼出来了。在这座简陋的训练房里，李宁、吴数德、唐灵生、蓝世章等世界冠军们一个个是怎样练出来的，兰燕云全都如数家珍般地传送给他。英雄们闪光的阅历，也就成了他昂扬斗志、鼓舞信心追梦的取之不竭、用之不尽的营养。在这座简陋的训练房里，为了共同的奋斗目标，小队员们团结互助，互敬互爱，这样，他的寻梦路上，始终有志同道合的友情相伴。

小陆永练举重，蓝世章最高兴了。这位世界冠军表叔每次回到三江，都会去看望侄儿，有时教一些技术，有时告诉他怎样顶住压力，调整心态。世界冠军的支持和亲自指

点，他信心大增。

　　任何一位世界冠军圆梦之路，都不会一帆风顺轻松便捷的。陆永在举重路上走，流下的汗水，可谓车载船装，经历的疼痛磨难，数不胜数。15岁那年，一次训练中，杠铃下滑导致右手腕骨折，钻心刺骨的痛，让他吃不好睡不好。看见他疼痛难忍，亲人们心疼了，一些好心的邻居都劝他别再练了。苦难疼痛已经动摇不了他了，追梦路上苦和累兰教练始终陪着他一起走过来，肌肉渐渐壮实了，力气渐渐增长了；他知道自己在成长在进步；每一点成长进步，都离不开兰教练等很多亲人师长们持之以恒的爱；爱的力量是巨大的，无疆的大爱已经足够他战胜困难了。手伤了，肯定要疗养。养伤时，他心静不下来，人也闲不住，手伤，不能练上肢了，但还能练脚，不影响耐力训练。于是，疗养两个月，他在兰教练安排下，并没有中断训练。他手伤痊愈后，又生龙活虎地出现在举重训练房，而且进步快得很明显。

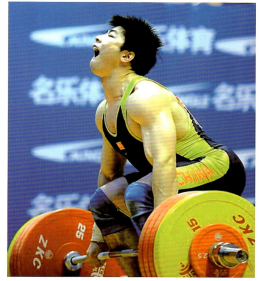

　　机遇总是垂青于有准备的人的。2002年12月，陆永在百色全区青少年举重锦标赛上，被广西举重队教练陶闯一眼看中。当时，陆永的动作有些粗糙，基本功不太扎实，吸引陶闯教练的是陆永的体型练得很好，肩膀宽宽的，块头很大，肌肉一块块的，是练举重的料。广西举重队正缺少大级别选手，有这样的好料，陶闯教练决定试一试。

　　2003年元月，兰燕云和陆启玉送陆永到了广西举重队，开始在广西举重队试训。从这一天起，他开始了真正系统的专业举重训练。由于是试训，举重队没有包伙食，而弟弟此时也在读初中，贫困的家庭就没能给他太多的支持。他没有觉得委屈，能到南宁来试训，家里已经为他付出太多了，他备感珍惜这个来之不易的机会。

适合的徒弟，名师怎么带？

陆永的出现，王国新如获至宝，师徒俩心思都一样，都是冲着竞技体育的最高领奖台而来。志同道合，一拍即合，教练立即为他安排繁重的训练任务。

有机会要到世界赛场展露身手了，陆永当然要全力以赴，争分夺秒抓紧时间训练，恨不得一天当做三天来用，哪里还有心思去想吃喝玩耍？陆永注意力和精力自始至终高度集中、一心一意配合，理解教练的意图和指点，服从教练的安排，再苦再累也毫无怨言。徒弟如此懂事，思想品质如此优秀，王教练心里清楚，他遇到一个悟性最好的弟子，真正的千里马，一个对事物有高水平的悟性的人，信念坚定的人，能克服很多意想不到的困难。名师到底是名师，在王国新教练精心调教下，陆永视野更开阔了，专业技能更扎实，训练水平和竞赛能力很快达到世界一流，举重成绩突飞猛进。

2005年卡塔尔世界锦标赛，首次身披国字号战袍的陆永以挺举210公斤拿下一枚铜牌；以385公斤的总成绩摘取银牌，与冠军仅仅差1公斤。19岁的陆永，第一次亮相世界大赛场，锋芒初试，国字号高徒亮剑，身手不凡。

可别看这仅仅是一枚银牌和一块铜牌，这可是中国举重队在大级别国际大赛中破天荒拿下的一块银牌和一块铜牌哪！而且，陆永在第二次挺举时，掌心的老茧突然被杠铃的握杆连皮扯破，手心当即出血。第三次试举，为了求稳，他只要了210公斤，忍住了钻心的疼痛将这个重量举起来。

就是这一银一铜，让王国新、唐锦波等教练，让中国男子举重队看到了希望。

大赛归来，征尘未洗，他回家探亲。就在他探亲之际，柳州市体育局特地为他

举行一个座谈会，对陆永为国争光、勇夺世界亚军的好成绩给予表彰和奖励。多情的家乡人，一枚银牌和一枚铜牌，就让他感受到关注和家乡人的情深。

有道是，自古英雄多磨难。就在陆永上升势头很猛的时候，病魔再次光顾这位一门心思要实现"奥运梦想"的小伙子。陆永不得不离开北京回广西接受治疗。养病期间，为

了保持状态，弥补因病缺练的遗憾，他让陶闯教练给他一副杠铃，他要在病房里坚持训练。平时在教练眼里性格温和的乖孩子不乖了，陶闯教练又拗不过他，治疗期间绝对不允许用杠铃训练的，只好拿了一根竹篙放在病房里，有竹篙也好过没有，陆永就拿竹篙代替杠铃练技术动作。

人们感动了。广西举重队总教练、国家队教练唐锦波一回南宁就去看望他，太喜爱他了，他是响鼓不用重锤敲的弟子，侗家后生就是最能吃苦耐劳。没想到这位后生竟然连养病都要坚持训练，不停攀登，到了忘我地步，毅力如此坚韧，的确少见。

陶闯频繁出现，队友们时常来到病房。朝夕相处一年多了，都是坦荡开朗的伙伴，友情很深了。师长亲人，队友朋友光临，病房里就有了欢笑，多了温馨的交流和沟通，就少了寂寞与烦躁。其实是教练和队友们怕他太努力，不好好休养，会适得其反，走火入魔，所以常来看望、问候。都说十年寒窗无人问，一举成名天下知，陆永很是感动，他还不算成名，尚在努力之中，教练和队友们表现出的友爱已让他深切感知同一个目标的超乎寻常的友谊。

这回养的病非同小可，一度被医生诊断为已经不适合搞举重运动。应该说2005年的医学水平、医疗设备、诊断技术水平是不会低的，肯定不会误诊。那么，为什么被诊断为不适合搞举重运动的人竟然又能重新回到举重赛场？陆永之所以能重新回到赛场，一定是他坚韧的毅力以及为国争光的坚定信念，信念生生不息升华，使他创造战胜病魔的奇迹。

半年之后，他重新回到训练场，良好的竞技状态也恢复了。2006年的多哈亚运会他拿了一枚银牌。2007年5月，在福建举行的全国举重锦标赛，陆永包揽了抓举第一、挺举第一、总成绩第一三块金牌。首个"大满贯"在握，他雄心勃勃地展望15个月后的北京奥运会，只要稳扎稳打循序渐进地保持这种上升势头，"奥运梦"的实现不再遥远。

2007年12月，伤痛再次一困扰他。他的脚突然有疼痛感，检查后才发现，他的

陆永在北京奥运会比赛中

梁戈亮

乒坛猛将写春秋

毛主席接见梁戈亮（1971）

　　有一个人的名字，对于40岁以上的中国人来说，是一个耳熟能详的名字；他创造的业绩，对于今天的年轻人来说，也会生出十分的敬意。当年他夺得世界冠军的时候，是一颗璀璨耀眼的星，不亚于姚明在篮球迷心中的位置。他是20世纪70年代我国男运动员中战绩最好的一位，连续参加5届世乒赛，5届世乒赛都有金牌进账，共得6枚金牌，这在当时的中国队是无人能比的。同样，他也是中国第一个在团体赛中连丢掉三分的选手，以致中国队在第32届世乒赛痛失男团金牌，像他这样的功劳巨大、失误也大的选手在中国乒坛找不到第二人。

　　他就是中国乒坛谁也不会忘记的梁戈亮。

　　1971年的一天，中国乒乓球队接到通知，周恩来总理要乒乓球队恢复训练，准备接外事任务。当时，文化大革命已经进行了五年。国家队拿过世界冠军的尖子运动员大多受过批判，说是修正主义培养的一批人物。乱哄哄的五年，没人管没人抓训练了。听说要恢复训练，国家队队员们自然喜出望外。

这天，训练刚刚结束，周总理来了。敬爱的周总理亲临乒乓球队，队员们激动又兴奋。谈了一会准备情况后，周总理问："球队的后备力量怎么样？"一时间没人敢回答。文化大革命闹成这样，有没有优秀的后备选手，谁也心中没底。见大家沉默，周恩来总理把目光转向庄则栋："你的看法呢？"庄则栋说："有一位，叫梁戈亮。"总理一听，就详细问起梁戈亮的情况和打法。

没几天，国家队专门为总理安排一场乒乓球训练汇报，日理万机的周恩来总理亲自观看梁戈亮与有重炮手之称的名将周兰荪较量，那场龙争虎斗，梁戈亮赢了。周总理很内行，看了以后很高兴。这场汇报比赛之后，梁戈亮就成了国家队主力队员。

这一年，梁戈亮20岁。

那时，由于封闭和内耗中国与世界渐行渐远。周总理认为体育可以有助恢复中国与国际的交往，乒乓球队是中国体育界的强项。总理对国家队的情况了如指掌，他经常对队员们说：要有人民外交的观念，要善于搞民间外交。可以说，中国乒乓球队，是周恩来一手培养的，他的外交思想也是通过中国乒乓球队来实践和体现。当时的梁戈亮和国家队队友们都认为，如果没有周总理的循循善诱，也许第31届世乒赛轰动世界外交史上的大事就不一定会发生。

1971年3月，与世界阔别了6年的中国乒乓球队重新回到世界大赛场。

第31届世乒赛在日本名古屋举行。中国与日本没有外交关系，但乒乓球队作为民间交往，是可以去的。那时，日本国内右派势力猖狂，中国的代表团去日本，会不会遭到暗杀，会不会有人搞破坏，都是严峻的问题。总理对队员们说："你们讨论一下，到底

邓小平给梁戈亮颁奖(1979)

好，我们一起上天安门。"就这样，1971年"五一"节，毛泽东主席在天安门城楼接见了第31届世乒赛男子团体冠军的国家队队员，这一天，毛主席和所有参赛运动员一一握手——梁戈亮永远难忘的一次握手。

1971年7月，美国国务卿基辛格访华。

中美关系凝冻了20多年的坚冰被打破了。

1972年2月，美国总统尼克松访华。毛主席与尼克松的握手，被誉为当时世界两大巨人第一次握手。中美关系就此翻开新的一页。

1972年，应尼克松总统邀请，中国乒乓球代表团回访美国。在白宫瑰玫园，两国乒乓球队又打了一场友谊赛。梁戈亮再次与黑人选手交手，这一回，黑人选手还是无法取胜，梁戈亮记住了这位善良的黑人的名字，布雷思韦特，还有科恩、博根等。第二次见面大家都很开心，第二回一起打球更是高兴。在白宫瑰玫园，尼克松接见了中国乒乓球代表团。细心的梁戈亮发现，总统根本没看同样在白宫的美国乒乓球队员。

乒乓外交成功破冰，小小银球为两个大国打开国门，被全世界媒体誉为"小球推动大球"。

周总理不仅通过乒乓球解冻了中美关系，而且把乒乓外交扩展到亚非拉国家。"文革"中，我国和世界关系疏远了。周总理提出"友谊第一，比赛第二"就是那个时代的发明。那时，我国需要朋友，需要广交朋友，通过乒乓球比赛，中国与亚非拉国家关系拉得很近。在友谊第一，比赛第二精神感召下，梁戈亮经常就得让球，不仅梁戈亮，庄则栋、李富荣、郑敏芝等国家队队员，几乎人人都有过让球的经历。打比赛不就是真枪实弹争夺胜利吗？为什么要让？现代人可能不理解。梁戈亮他们却是这一著名的口号忠实理解者和忠实执行者。梁戈亮认为，作为运动员，国家利益高于一切，让球是为了国家利益，是乒乓外交的需要，是发展对外交往的需要，是撒播友谊的需要。这样，打球已经不光完成比赛了，运动员取胜也不是唯一的目的。而中国队水平太高了，往往比赛赛前，你要交代他，这场球他要赢的，还是要故意输的。

作为乒乓外交的实践者，梁戈亮愉快地做这样的事。当时工资只有38元，没有奖金，奖励只有奖

梁戈亮(右)在比赛中(1978)

梁戈亮获混双冠军(1973)

章，出国比赛一次只有三十多美元的零花钱。可梁戈亮无悔无怨，他把所做的一切，都当做为国家做事，能为国家做事，无上荣耀。

后来，他们经常出国比赛，经常参加各种各样的比赛，跟中国建交或有往来的越多，他们就越忙。

这样，就有一支实力超群的队伍，一支人人都是世界冠军、个个都战绩辉煌的队伍，非常繁忙地各地奔走，也经常该赢不赢，莫明其妙地输。梁戈亮和队友们都做过这种事，但是，他们给不少国家和地区送去了中国人民的友好和友谊。

他们是周恩来总理挽回"文革"给党和国家造成损失手中的一张王牌。

1973年第32届世乒赛，梁戈亮因改换打法，在男团比赛中连丢三分，至使很有把握的男团金牌丢失。男团痛失金牌，担当主力队员的梁戈亮自然责无旁贷，可是，作为主力队员，连丢三分，也太不可思议了。批评接踵而来，梁戈亮十分痛苦。周恩来总理知道了，鼓励他："要在哪里摔倒，就在哪里站起来。"还告诉他：失败乃成功之母；要总结经验，继续努力。总理的关心鼓励，给了他极大信心。1974年，第7届亚运会在德黑兰举行。梁戈亮在男团所向披靡；男单也锐不可当；混双与郑怀颖合作尽显英雄本色，一个人为中国队获男团、男单、混双三枚金牌。可以说，那届亚运会男子乒乓球是梁戈亮一个人的舞台，也是五星红旗因他升起最多的一次。每一次五星红旗升起时，他满怀激动，是敬爱的周总理关心和鼓励他重新站起来的。

他站起来了。站起来的梁戈亮更有一股狠劲，他把总理的支持和鼓励理解为乒乓球作用太大了，不光是竞技体育需要他练好，外交、政治等等都需要他练好，一句话，为了国家利益，他必须练好球技。练发球抢攻，发上千次球，攻上千板还不肯罢休；加上聪明好学，善于吸取别人的长处，练就独树一帜的横拍打法，右手握横拍，拍两面性能不同，削攻结合，转与不转结合，猛扣与多变结合。于是，人才济济的国家队就有多一种独特风格的打法，多了一名技战术变化莫测的赫赫有名的战将，为中国队屡创佳绩多了一份把握。

1973年，第32届世乒赛，尽管丢了男团金牌，他还是与李莉一起获混双金牌。

1975年，第33届世乒赛获男子团体冠军。

梁戈亮同时代的运动员。有人问沙拉拉主席，中国选手里，你最欣赏哪位运动员？主席先生想都没想就说："梁戈亮，他球姿漂亮，技术相当全面。"

1997年，一场突如其来的车祸改变了他的漂泊生活。那是复活节前夜，大雪纷飞。梁戈亮被一辆轮胎打滑的汽车横腰撞了，手、腿、头部严重受伤，送到医院抢救，诊断结果是大腿骨折。当时德国的一些媒体报道说：梁戈亮不能再打球了。死里逃生，他感悟到：生命太脆弱了，太短暂了。既然内心一直牵挂着祖国，是不是该落叶归根了。

不久，他接到中国乒协一个通知：邀请他去美国参加中美"乒乓外交"25周年纪念活动。当时，他还躺在病床上，马上答应参加，祖国人民没忘记他呀，即使是自费购买往返机票，他也要去美国参加庆祝活动！他不顾医生的劝说，提早下了地，并开始着手训练。办理签证时，美国驻德使馆官员听说梁戈亮曾经被总统邀请去过美国，立刻加班帮他快速办理。在妻子搀扶下，他登上飞往美国的航班。

这是中国乒协和美国美中关系全国委员会、美国乒乓球协会联合举办的系列交流活动。活动搞得很隆重，去的人很多，很热闹，庆祝活动中，美国前国务卿基辛格发表了讲话，肯定了"乒乓外交"的重大作用。基辛格的讲话，梁戈亮才懂得，其实，在"乒乓外交"之前，美国政府一直也在寻找机会，打开通往中国的大门，但是没有找到。毛主席1970年10月1日在天安门让斯诺与他站在一起，是毛泽东向美国政府放了个试探气球，要触动美国人的感觉神经。但是美国政府不相信斯诺，斯诺虽然是美国人，但这位美国作家跟中共走得太近了，长征时期，抗日战争年代，斯诺都跟毛泽东、朱德等开国元勋们有深厚的友谊。机会就失去了。但是乒乓外交提供了这样的机会，为两个大国打开化解僵局的大门，为两国关系正常化铺路。

这次活动，梁戈亮深深感到，为国做事，太有意义了，很自豪。

纪念活动，要进行友谊赛。有意思的是，对手还是25年前在北京友谊赛那个黑人选手布雷思韦特。时隔25年了，他是有备而来的，知道梁戈亮遭遇车祸，想趁他腿伤未愈赢他一回，结果，还是输了。

比赛结束，两人相互拥抱，在场的观众纷纷为他们鼓掌，笑声欢呼声连成一片，两位促成美中修好的"乒乓外交"球员重温当年历史性的那一幕。

纪念活动结束，他放弃国外优厚的待遇、优裕的生活，毅然回国。

回国后，梁戈亮在北京大学医学部当体育教授，并任学校高级教练。让他感到欣慰的是，学校上至领导、教授，下至学生，出现了一股乒乓球热。很多人开始关心乒乓球，喜爱乒乓球，乒乓球已经成为校园里许多人一种健身方式。

他在北大医学部当教授，是为了圆母亲的梦。母亲一直希望儿子能当一名救死扶伤的医生。善良的母亲活了81岁，离开人间前，她欣慰地看到了儿子当上了未来医生们的老师，虽然心爱的儿子不能救死扶伤，却通过乒乓球帮助人们练就健康的身体，也算是了却老人家的凤愿了。陈雅琴临终前，自愿将遗体捐献给医学院。

一位令人尊敬的母亲。

如今的梁戈亮还在打乒乓球，只要有与乒乓球有关的活动他都高高兴兴地参加。他在丰富的乒乓球活动中很活跃，既潇洒又充实。当然，他最愿意参加的是纪念"乒乓外交"的活动。2008年6月，他作为访问美国的中国乒乓代表团一员去了一趟美国，在加州尼克松图书馆里与那位布雷思韦特前美国国手再度重逢。又是十年过去了，再度在乒乓球桌上较量，虽然都一把年纪了，两名前国手仍宝刀未老，兴味盎然地带领在场各人重温"乒乓外交"历史性一幕。

这场友谊赛，梁戈亮三比一胜出。布雷思韦特兴奋地说："我尝试在球桌上，尽力给观众娱乐。我参加比赛不是为了争胜。友谊第一，比赛第二。"

当年周恩来总理提出的口号，有些中国人都忘了，如今居然在一个美国老人嘴里冒出来，这也是当年"乒乓外交"见证的最好礼物啊！在场的中国代表团成员又是感动又是感慨，是啊，老一辈革命家为增进中美两国人民的友谊，可谓呕心沥血鞠躬尽瘁啊！

2009年月1月，为纪念中美建交30周年，国家体育总局举行乒乓球友谊赛。"乒乓外交"见证人张燮林、庄家富、曾传强等都出席了，当年访华美国球队中的成员朱迪也来了。梁戈亮感到遗憾的是老朋友布雷思韦特没有来。令人高兴的是，他看到很多年轻的新面孔，这是中美"乒乓外交"延续的纽带。乒乓友谊赛后，梁戈亮把自己研制的拳握式乒乓球拍签了名赠与在场观看比赛的美国副国务卿内格罗蓬特，

副国务卿很高兴，问："用你这球拍是不是一打就能赢？"一副刚刚获得前世界冠军赠送的球拍就想拿它赢球的样子，让在场的人都笑了。

纪念"乒乓外交"的活动在逐年升温。今天，"乒乓外交"不仅仅是国与国之间的外交手段了，纪念活动的升温也不仅仅是当年的见证人怀念历史的怀旧情绪的发泄了，已经发展成为国与国、人与人之间密切往来、交流感情、建立友谊的重要途径。历史不会忘记，重温历史，中美两个大国的现代人将会注入更丰富的内容。

从国手到北大教授，他不曾离开过乒乓球，又因为乒乓球，他身边始终洋溢着浓浓的友谊。

吴艳艳

凌波仙女红又艳

135

世界泳坛的历史将永远铭记这几个惊奇的时间概念：吴艳艳1997年10月17日在第八届全国运动会女子个人200米混合泳决赛中，以2分09秒72的惊人成绩刷新了也是由中国运动员林莉保持了5年的2分11秒65的世界纪录，将该纪录令人惊讶地一下子提高了近两秒。直到2008年3月12日，才由澳大利亚选手在悉尼举行的"奥运选拔赛"上以2分08秒45仅超出1.27秒的微小优势打破。吴艳艳的世界纪录一直挂在世界泳坛顶峰榜上，整整11年无人问鼎，成为40个游泳项目中最难超越的世界纪录，这令广西及中国乃至世界泳坛惊喜惊叹。为此，当时有人惊艳赋诗赞道："凌波仙女红又艳，一战成名惊天下。"

诸君明鉴，吴艳艳的世界纪录被打破，毫无疑问这与高科技泳衣不无关系。

2008年2月，高科技泳衣第四代鲨鱼皮出现。3月12日正是身披高科技泳装第四代鲨鱼皮的澳大利亚选手打破了吴艳艳的世界纪录。随后，身着高科技泳衣的各国运动员在各种游泳赛事中掀起大破40项游泳世界纪录的狂潮，各项新的世界纪录如雨后春笋日新月异不断被刷新。原因不言自喻，新式泳衣可降低水阻力，速度快5%，让运动员只需少量能量就可以增加5%的吸氧量，瞬间提升游泳速度。北京奥运会除了中国游泳队及个别国家运动员之外，竟有包括世界游泳强国美国、澳大利亚等67个国家的游泳好手身穿第四代鲨鱼皮在水立方大显身手屡破世界纪录，高科技泳衣扬威水立方。尔后的2009年12月，匈牙利女选手竟将女子200米混合泳的成绩提高到2分04秒56。一年多时间里，竟有6位身着鲨鱼皮的女将轮番将该项世界纪录刷新，登峰造极提高了5点06秒。这个世界真的奇妙了。假如，没有高科技含量的泳衣呢？为此，有人提出，要取消高科技泳衣参赛。

吴艳艳，1978年11月7日生于广西南宁。1986年才开始学游泳，虽然不是从小泡在游泳池里长大，然而天生双臂张开长度超过身高，水感好，一学游泳就如鱼得水成长迅速。9岁就被著名的游泳教练吴纪才一眼相中收为弟子，从南宁民主路小学转学到广西体育运动学校，开始从事专业游泳运动训练。四个月后，吴艳艳参加全区青少年"萌芽杯"游泳比赛就获得100米仰泳、100米蝶泳、100米自由泳三项

1998年12月11日，在泰国曼谷第13届亚运会获200米混合泳冠军

冠军，并打破全区少年女子仰泳100米纪录。吴艳艳的爷爷吴继勋特地作诗一首："技压群芳九龄童，吴家小艳初长成；百米仰泳破纪录，艳艳亮丽书长征"。1989年6月，参加南宁市小学生运动会，获得八项冠军。爷爷闻讯大喜，作诗以庆："群芳竞艳迎新春，少女泳坛佳音传；狂揽八金英姿现，艳艳今日笑最甜"。1992年6月，参加广西第七届运动会，囊括50米仰泳、200米混合泳、200米仰泳、4×100米自由泳、200米自由泳五个第一名，并打破200米仰泳自治区运动会纪录。爷爷又作诗赞道："碧池奋臂似蛟龙，省运游坛你称雄；双百仰泳创佳绩，独揽五金在手中"。此时的吴艳艳才14岁。

1998年1月，在澳大利亚珀斯第八届世界游泳锦标赛200米混合泳夺冠

此后，吴艳艳顺风顺水，稳步成长，1994年9月在保定举行的全国游泳锦标赛中，她一举拿下了400米、200米个人混合泳两枚金牌。1995年4月全国游泳冠军赛，吴艳艳一气拿下了400米、200米个人混合泳，100米和200米仰泳四枚金牌。1995年6月，在西班牙巴塞罗那国际游泳大赛上，吴艳艳获得女子个人200米和400米混合泳两枚金牌。接着在法国嘎纳国际游泳大赛中又获女子400米混合泳和女子200米个人混合泳两金。在蒙特卡洛举行的世界游泳巡回赛中，又以优异成绩再获女子个人400米混合泳和女子个人200米混合泳两枚金牌。这时，吴艳艳才17岁。

花季少女的吴家小花征战世界各个赛场，连续拿下了6个世界冠军，为中国游泳队打出威名，享誉世界，吴爷爷的兴奋自不必说，赋诗曰："朝出北京暮巴塞，万里长空任意游；世界泳坛频夺冠，桂花绽放特风流"。1996年3月参加亚特兰大奥运会游泳预选赛，吴艳艳以2分12秒87的成绩获得女子个人200米混合泳冠军，这个成绩为当时世界排名第一。这可是吴艳艳游出个人历史最好成绩，这一下可不得了了，当时业内人士不少人乐观地估计，吴艳艳肯定是4个月后的亚特兰大奥运会夺冠大热门人物了。1996年4月，她还参加曼谷第五届亚洲游泳锦标赛，获得女子400米和200米个人混合泳两个冠军。1996年7月，她参加亚特兰大奥运会，18岁的美人鱼却抱病上场，仅以2分16秒55的成绩获得女子个人200米混合泳第10名。第一次参加奥运会，花样年华的她便留下无限遗憾。

1997年，世界短池游泳无大赛事。为了备战全运会，国家队的队员们回各自的省队。吴艳艳回广西，最高兴的是吴纪才教练了。师徒10年，最了解吴艳艳的就是吴纪才了，从艳艳9岁时收为弟子，到1994年成为国家队队员，艳艳的哪一点成长进步不是他亲力亲为为她制定周密的训练计划、亲自训练、指点比赛才取得的？到了国家队，八桂小花接连在国内、国际大赛上闯出名堂拿到世界冠军不假，但奥运会的失利，原本就可避免，吴纪才教练挺不服气的，18岁的天才美少女，当年世界排名第一，为什么不懂得把最佳状态调整到亚特兰大奥运会上才爆发？亡羊补牢，吴纪才教练就想让吴艳艳在八运会上重放异彩。

亚特兰大奥运会的失利，吴艳艳也是痛定思痛，痛下决心（痛苦的时候她曾经多次到水里长时间打坐），重新设定自己，对待失败决不气馁，一切从头再来。我们有幸看到一份1997年5月4日吴艳艳亲手写的总结，这份世界冠军很珍贵的总结里，19岁的美人鱼目标明确地确定："八运会是考验自己能否从失败中站起来，寻回失去的信心，继续向世界高峰迈进的一次机会，一个转折点。"并且化失败为力量地要求自己："总结失败与成功，决不犯同样的错误；全心全意训练，排除杂念；把弱点强化，把优点发扬，在细节中挖潜；要认真的给每天的训练打分，提高与下降做到心中有数；技术上要精益求精，坚持不懈；多动

1997年10月17日，全运会夺冠后与教练吴纪才、张寒姣合影

脑，多想主项特点，对手特点，战术意识；注意心理训练，增强信心。"定下誓言："拼搏进取是我的精神，敢打敢拼是我的行动，冲击八运是我的目标，希望就在前方，一切从今天做起！"

师徒俩心往一处想，劲往一处使。怎么练？吴艳艳至今仍清楚地记得：耐力是基础，强度为核心，力量最关键，技术来体现。为真正落实这四句话，吴纪才两次带吴艳艳到云南昆明，进行高原训练。高原氧气稀薄，吴教练给艳艳训练量定为每天游20000米，这可比平时的训练量增加了8000米。开头几天，艳艳游到18000米时，两只修长的手臂都抬不起来了，酸痛涨痛不已，快要游不动了，僵硬了。然而，教练只一个劲地喊加油："快！再冲！"教练不让她休息，她也不求饶，也不叫苦，咬紧牙关拼命地游。第二天游就更吃力。吃力也好，痛苦也罢，只有坚持。年轻真好，明确了奋斗目标，艳艳练得好，吃得好，睡得好，心无杂念。7天之后，20000米的训练量她艰难而愉快地过关了，毕竟19岁的她，身高1米74，两臂长1米84，身材呈流线形，水里阻力小，水感极佳，天赋太好了，加上有坚韧的毅力，坚强的信念，进步不快才怪呢。

训练是储蓄，是信心的积蓄，是力量的储蓄，是速度的储存，是技术的积累。一年时间的储蓄，整整一年时间默默地心无旁骛地训练、训练、再训练，直至成

1997年4月19日，在瑞典歌德堡举行的第二届游泳短池锦标赛比赛中

功、成功、更大的成功。

1997年10月17日。上海市游泳馆。19时40分。来自辽宁、上海、江苏、广西等八位国内一流好手一起出现在游泳池旁。这一天注定是吴艳艳最风光的时刻：三天前，女子个人400米混合泳决赛，她的重量级对手兼队友陈妍用特佳的状态以4分34秒79破了世界纪录，夺取金牌，吴艳艳以4分36秒28的成绩打破亚洲纪录夺得银牌；女子200米个人混合泳是艳艳强项，她是比赛型选手，对手愈强她越有信心。高手对决，不怕对手强，只怕对手不强，狭路相逢勇者胜。现在吴艳艳很平静，也很轻松，身边7位青春活泼气势如虹的对手，她居然看也不看，脑子里一片清空，真正的旁若无人。

1996年4月，在泰国曼谷第五届亚锦赛夺女子个人400米、200米混合泳两枚金牌

此时，上海市游泳馆座无虚席，掌声不断。各省的啦啦队为各自参赛的队员鼓劲声鼓气声此起彼伏。随着裁判发令枪响，8位女飞鱼同时跃入水中，八道雪浪争先恐后向前飞快舒展。碧波飞舞雪浪滚滚，俊美白晰的吴艳艳挥臂轻盈自如，美人鱼般地泳姿优美，劈波拨浪如入无人之境，蝶泳仰泳蛙泳自由泳200米混合泳泳技发挥得炉火纯青，游泳的力与美展现得淋漓尽致一气呵成，一往无前一路领先，强力冲刺，直到第一个触壁。计时器屏幕上显示了成绩：2分09秒72，吴艳艳打破了世界纪录！力与美登峰造极的爆发！

整个游泳馆沸腾了。这天，中国游泳队众多泳花中，艳艳笑的最美，阳光灿烂倩丽。

吴艳艳站起来了。站在最高领奖台上的凌波仙女无比青春艳美。伴之是不尽的掌声，鲜花，镁光灯。这是广西游泳队第一位打破世界纪录的高手。有记者问："破世界纪录你是怎样运用战术？"问的直接。"我的战术就是没有战术，目中无

吴艳艳在训练中

人，一下水就冲刺——直到触壁。"艳艳答的也坦率，这就是她破纪录的战术。

人们总以为凌波仙女创纪录后的感觉是美妙的，日子是美好的，锦上添花的时光也确是花香花艳。然而，艳艳不沉溺鲜花掌声中，或者说她连品尝品味种种美妙美感的时间都没有，全运会刚刚结束，她就准备迎战在澳大利亚举行的第八届世界游泳锦标赛。

可以说，从1997年到1998年初，是吴艳艳游泳竞技生涯的巅峰时期。1998年1月16日美联社发自澳大利亚珀斯的一则消息报道："中国女子游泳选手吴艳艳今天在这里以2分10秒88成绩获得女子200米个人混合泳冠军，刷新了该项目

17年无人撼动的世界锦标赛纪录，并在她的许多队友在本届世界游泳锦标赛表现不佳作出了解释。"引起世人侧目。世界新闻媒体三大巨头之一的美联社的这则消息挺有意思，内容不长，标题却鲜明：《吴艳艳在珀斯验证了冠军称号》。当时，在澳大利亚珀斯，"我们无时无处不感受到来自各方面的干扰与不安，中国队的选手们军心大乱。吴纪才教练根本就不理睬外界的舆论，对我说，这种时候才是考验一个优秀运动员的时刻。当时赛事很紧张，高手云集。我每晚焦虑紧张痛苦到难以入睡。好在本人还带了本法国小说，这是我的习惯，紧张与痛苦的时候，书籍总能带给我慰藉和平静，安抚我的心灵并给我力量。"这是吴艳艳参加澳大利亚世界游泳锦标赛后的一篇日记。日记中还写到，"压力无处不在。它会让我站得更挺，更坚韧，产生更强的斗志，并从内心深处激发出源源不绝的力量。女子200米个人混合泳决赛那天，自我感觉不太好，心中无底，偏偏赛场是室外露天的泳池，风刮的还挺大，我永远不会忘记我游的时候是逆着风游，真的很紧张啊！临赛前我跟吴教练说：'我

会拼命去游的，如果拿不到冠军的话，你不要怪我哦。'吴教练微笑着说："你尽力去游吧，充分发挥自己的水平就行了。我会在观众台上等你的。'在赛程中我一直看着我们教练的方位，我相信，无论我成功与失败他都会在终点站等着我的。我不会让他失望的。一定不能让他失望！果然在整个赛程中我一直领先，到最后冲刺阶段我根本看不到其他选手的影子，她们被我甩在身后了。上岸时，教练果然在出口处等着我。他说："祝贺啊——辛苦了！'我们还握了一下手，我说："我们，终于完成任务了！'这是我一辈子不会忘记的经历。回过头来看，在人的一生中，你会发现，真正促使你成功的，真正激励你让你成长的，不是顺境与优裕，而是挫折，打击，逆境！"看了这篇日记，什么都不用说了，吴艳艳已经向世界证明了自己了。

托尔斯泰有句名言，幸福的时光总相似，不幸的时候各有各的不同。对于吴艳艳来说，也许是，失败的痛苦总相似，成功的喜悦各有各的不同。

1998年12月在泰国曼谷举行的第13届亚运会，由于身体的原因，加上一些伤病，吴艳艳状态一直不好。第一天400米混合泳比赛被日本选手拿了金牌，赛前拟定吴艳艳与陈妍混合泳双保险让别人突破了。其实，艳艳已经很努力了，比赛中她一直在拼，可是状态不佳，350米后，她有全身酸痛累垮了的感觉，游得很僵硬，仅仅取得银牌。赛后她难过得直想哭，吴教练冷静地说："赛场上不相信眼泪，失败者只能选择坚强。"到了200米混合泳项目的决赛，吴教练只说一句话："你是世界纪录保持者，要相信自己。"200米混合泳是艳艳的强项，竞技状态再不好也要力挽狂

澜，保住这项事赛的霸主地位啊。怎样在比赛中保冠军呢？她认真琢磨。艳艳有一手绝活，她的冲刺能力特强，最后的冲刺不说天下无敌，起码普天之下还真没几个女选手能招架得住——这都是平时练冲刺时与男队员拼命多了练出来的。女子200米个人混合泳决赛时，一入水她就紧盯着着领先的选手游，目的明确地保存体力，到最后15米时她一憋气提前冲刺，就是在最后冲刺阶段，艳艳超过对手获得了冠军——这里太有技术含量了，一般人都是最后10米才憋气冲刺，可艳艳竟然提前到15米。原因在于，吴艳艳多提前5米就少呼吸一次，游泳比赛每呼吸一次都用0.2

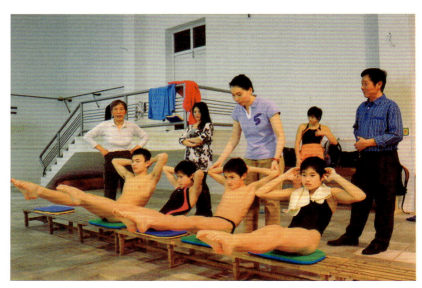

本书作者刘止平（右一）现场采访训练中的吴艳艳（中站立者）

秒，少呼吸一次速度会更快一些。

　　这正是夺冠不易，保住冠军更难。即使是被众多专家称为"混合泳天才"的凌波仙女，也难免不被别人超越的一天。这就是竞技体育。

　　没有一个世界冠军的背后没有许多故事。艳艳学游泳时，父亲吴冠中，母亲黄肇策就比别人忙，比别人累。乖女挑食，鱼、玉米、核桃、板栗、鸡蛋等最适合她了，父母亲不但是女儿忠实的"后勤部长"，甚至不辞劳苦地钻研《运动饮食》、《中国食疗名方》、《少儿心理教育》等，且很有自学成才知识广博的样子，学的是有板有眼，做的是一套一套，为的是让艳艳健康快乐成长。艳艳学游泳十年，累了病了烦了，回到家里，除了感受到浓浓的亲情之外，还有象模象样的食疗、心理疗、励精图治精神疗。要知道，父亲只是广西日报的司机，母亲是养鸡场的职工，但并不影响俩老齐心协力把家庭操劳操作成世界冠军学习之家、成长之家、排忧解烦之家、休养将息之处。艳艳获国家优秀游泳选手金质奖章、记特等功、共青团中央委员、八桂帼国英杰、五一劳动奖章等不少，艳艳说所有的奖章里有父母和家人的一半。

　　2000年11月，吴艳艳告别了令她曾经辉煌的泳坛。

之后，她在广西师范大学就读，拿到本科文凭后读研究生。现在广西体育局水上中心当游泳教练。世界纪录长久保持者对游泳自然有丰富的实践经验和扎实的理论基础，尤其是对女子200米个人混合泳这一专项，更有独特的训练方法和独到的比赛经验，吴艳艳很顺利地从运动员过渡到教练员。

如今，她在训练几位9岁和12岁的少女，两组不同年龄段的少年，她的训练方法不一样。少年游泳是很累的，也很辛苦。泳池边，身材修长苗条的她象姐姐，温柔地指点，指导。少女们都很听话，有的还用很崇拜的目光盯着她。这是一组极美的画面：清沏见底的泳池，水里的几位花样少女微笑着聆听池边一位倩丽的姐姐教诲——这不正是昨天的凌波仙女在点拨明天的凌波仙女吗？

眼睛依然明亮，笑声依然甜美，说话依然坦诚，委屈的阴霾不见一丝。世界冠

1995年与父亲吴冠中、母亲黄肇策分享夺冠快乐

军的承受能力的确非凡。2011年，执教初见成效，区运会她的弟子狂揽16块金牌，13岁的冯君阳破了两项广西记录，被誉为"泳池新公主"。昨日赛池碧水上令人艳羡的凌波仙女，今日泳坛执教依旧是让人敬重的凌波仙子，明天呢，当然仍然是工作、学习、生活中不停奋斗进取的凌波仙女。红艳若此，美艳永在。

（邹智臻）

1996年4月，在泰国曼谷第五届亚锦赛夺女子个人400米、200米混合泳两枚金牌

莫慧兰

MOHUILANJINGCAIREN
SHENGSHIYEMEI

精彩人生事业美

那年，李宁在美国洛杉矶奥运会独揽3枚金牌，中国刮起一股李宁旋风，体操王子家喻户晓，桂林的一对双胞胎莫慧兰、莫慧芳也为之痴迷。

于是，父亲就给姐妹俩报名学习体操。父母亲支持了，得去学体操了，姐妹俩很是兴奋，以致睡过了头，第二天报到体检时迟到。学体操先要体检，不知道是不是因为姐妹俩的迟到，还是别的什么原因，这一次体检，姐妹俩没被选上。

体检没过关，姐妹俩很是失落。

那时，莫慧兰还不到6岁。

桂林的公园太美了，在桂林做父母的没有一个不喜欢带自已小孩逛公园，桂林的小孩子没有一个不喜欢逛公园。不久，父亲带姐妹俩逛公园，公园里到处都听到姐妹俩欢乐的笑声。这时，他们碰见了给莫慧兰做过体检的教练。在繁花似锦的公园里，

莫慧兰和时任总理李鹏、时任国家体委主任伍绍祖、副主任袁伟民在一起(1994)

教练看到比花还美的姐妹俩，两姐妹天真活泼的样子、娇美的身材让教练欣喜不已，就主动要求莫慧兰父亲让这两个孩子学习体操。

就这样，不满6岁的莫慧兰、莫慧芳走上了体操之路。看中姐妹俩的教练李桂凤成了她们俩的启蒙教练。

父亲莫桥保是个读书不多的工人，母亲刘冬玉还是个临时工。贫困的父母亲支持两姐妹学体操有一股韧劲，每天清晨五点半，莫桥保就用自行车把两个女儿送去体校。一天接送四次。第二年，姐妹俩住校了，父母亲才不那么累。

学体操不是幼小的娃娃想象那么好玩。严格的训练和艰苦的生活，远远超出小女孩的想象。好几次，苦、累、痛都让女儿紧紧抱着父亲的腿哭喊："我不去学校，我要回家……"女儿确实太痛了！莫桥保比谁都清楚，生在清贫家庭的女儿从来就不是娇娃娃。孩子哭，做父亲的心里也流泪：天下做父母的没有一个不心痛孩子啊！莫桥保强忍住眼泪，不停地劝说，不断地鼓励，硬着头皮坚持把女儿送去学校。他知道这个时候不能心软，只要心一软，依顺小孩，就会半途而废。送到学校，做父亲的还要叮嘱："你要坚持。""要学好。""每一个动作都要比别人做得好。"

有一天，他太想女儿了，悄悄去了学校。学员们正在练倒立。他看见两个女儿也在倒立，小小的胳膊不住地颤抖，眼泪不停地流出来，可是，姐妹俩还在顽强地坚

149

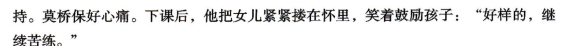

持。莫桥保好心痛。下课后，他把女儿紧紧搂在怀里，笑着鼓励孩子："好样的，继续苦练。"

这一坚持，就是三年。这份坚持也融进了李桂凤经验丰富的育苗智慧。

1988年，莫慧兰、莫慧芳进了广西队，离开桂林，去了南宁。春节时，父亲接女儿回桂林过年。兰兰脚上有伤，父亲背她到医院，做了手术。刚下手术台，小兰兰就吵着要回南宁。医生都深受感动。谁能想到，这时的莫慧兰还不满10岁！

穷人家的孩子早懂事。懂事早的小孩还得有懂事的父母亲。

1990年，两姐妹同进国家队。进了国家队后，妹妹莫慧芳因伤早早退役，莫慧兰的训练更是刻苦，姐妹俩总不能两个都让父母亲失望吧？一想起父母，兰兰就不怕苦和累；苦时累时，想想家人，动力来了，灵性也开始渐渐显露。国家队教练就根据她的身材和技术特点为她量身打造一些高难度动作。

教练刘桂城认为，体操没有创新就没有生命。细心的教练，在训练中发现，莫慧兰在女子四个项目中，高低杠有着很高的天分。于是，在高低杠项目上给她设计一套全新的高难度动作。

创新的动作、高难度动作也是高风险动作。已经练了几年体操的莫慧兰是知道的，但是，她愿意练。

训练这个动作时要慎重又慎重：从地面保护翻跟斗开始后，教练就跪在地板上；空中前空翻，拉保护带；所有的细节都考虑到了，所有的保护措施都做好了，每一堂训练课下来，两人都累得浑身像散架。尽管千般小心，莫慧兰磕跌碰撞的事还是避免

不了，伤痛就少不了；有一次甚至一颗牙被磕掉，下巴被磕破，鲜血直流。莫慧兰痛，教练也心痛，太危险了，爱徒太痛太辛苦了，是不是让兰兰改练别的动作？伤痛未过，兰兰又要练，她能坚持。师徒俩不畏艰险，一练再练，直至千锤百炼。

小兰兰能够一心一意训练，这跟国家体操集训队就是孩子的家分不开。兰兰远离父母亲远离家乡，来北京才11岁啊。11岁的小孩，接替抚育培养兰兰的还有一位可亲可敬的女教练袁紫娟。袁教练的抽屉里，有一个账本和几个存折，女孩子们的所有收入和支出都纪录

在这里，小到几毛钱的针头线脑，大到上百元的工资奖金，一笔笔都记得清清楚楚。孩子们都还小，还不懂怎么花钱，平时又少吃零食，袁教练替她们把生活费统一保管起来，孩子们需要什么，由她来替她们买。这样，孩子什么都不用愁，从小就有不乱花钱的好习惯，就是，袁教练辛苦一点。

1993年在德国国际体操邀请赛，一位名不见经传的小姑娘在高低杠上灵敏地上下翻跃，蓦地小姑娘前空翻再抓杠，这个动作十分惊险！只见她在飞速大回环中突然撒开双手，飞燕穿云似的身体高高的跨越在高杠之上，紧接着猴子般的灵巧空翻，然后一把抓住杠子！一连串迅速灵敏紧张惊险动作，灵活得让人目不暇接，险急得使人几乎停止呼吸，她落地站稳，好一会儿才爆发出阵阵掌声。

所有人都被这套形体优美大难度动作震惊了。有的教练、裁判甚至不敢相信自己的眼睛，这是小女孩吗？这样的动作，全世界男子体操界中能做出的也是凤毛麟角的呀！

这一天，所有在场人都记住这位小姑娘的名字：莫慧兰。

1993年9月，14岁的莫慧兰在泛太平洋青少年体操锦标赛上，获得女子全能、高低杠、跳马3块金牌。

1994年6月，全国体操锦标赛，莫慧兰拿了跳马、高低杠、平衡木、自由体操4枚金牌，女子全能银牌。

1994年月10月，在日本广岛举行的第12届亚运会上，15岁的莫慧兰夺得跳马、高低杠、平衡木、自由体操、女团5枚金牌，个人全能铜牌。以5金1铜的优异成绩被评为本届运动会最佳女运动员。

莫慧兰高低杠上的"团身前空翻越杠抓杠"动作，被国际体联命名为"莫式空翻"，称为"下世纪动作"。

广西15岁小姑娘那张圆圆的娃娃脸、乌溜溜的大眼睛、甜甜的笑容让世界震惊：这个小娃娃，怎么练就这身绝技？

体操赛场上一人独得5枚金牌和1枚铜牌，光彩夺目，光芒四射。无数人浮想联翻：与12年前，世界体操界最耀眼的明星李宁制造的、被誉为"前无古人，后无来者"的神话太相似了，李宁是6金1铜，莫慧兰是5金1铜啊！虽然一个是世界杯，一个是亚运会，有点差别。然而，当年李宁是19岁创造奇迹，莫慧兰才15岁。相似的、近似的东西最能引起人们美丽的联想，难道，真的有来者了吗？假以时日，莫慧兰再练几年，神话，会被打破吗？

爱美之心谁都有，人们送给她一个美丽的外号："金牌姑娘"。

中国女子体操队一位领军人物闪亮登场。

这一年，她获1994年全国"十佳"运动员，并荣获中国体育记者协会评选的亚洲"十佳"运动员称号。孩子气的活泼，天真的笑容，她成了众多媒体最喜爱的"体操公主"。

1995年5月，中国杯国际体操赛上，莫慧兰拿了四金，金光灿烂。

1995年10月，在日本举行的第31届世界体操锦标赛，莫慧兰的所有动作都增加了难度，她带领中国队夺得了中国女子体操史上第一块团体银牌。她以一套流畅的动作获得平衡木世界冠军，同时还夺得高低杠亚军。16岁的她，闪金耀银。

1996年，美国亚特兰大奥运会，人们对她寄予厚望，她是奖牌有力争夺者。然而，亚特兰大奥运会对整个中国队来说结果是失望的，团体比赛，队友纷纷失误，最终与奖牌无缘。由于预赛失误，她没有进入她的强项平衡木和高低杠决赛。她在跳马上做了一个教科书上尤尔钦科漂亮的双周跳，最终获得一枚女子跳马银牌。17岁的她，第一次参加奥运会，虽然没有空手而归，同样沉重的期望和失望，她已经有了沧桑感。

1997年的世界体操锦标赛，与队友一起获得1枚女子团体铜牌。

世锦赛结束，莫慧兰退役了。

她18岁了。18岁的姑娘，对别人来说，是如花似玉花季少女，是含苞欲放金色年华，对于从事体操事业的她来说，身体状态已经发生很大变化，无论是肌肉还是状态，和那些小运动员相比已经没有明显的优势。没有优势就该让位，或者说是让贤。

她离开体操队，结束了每天紧张的训练生活，突然不知道该干什么了。她从不满6岁开始练体操，与父母亲总是离多聚少，她恋家了。她回到桂林，想到将来，发现这么多年来，耽误最多的是文化课。于是，她很想感受一下背着书包去上课的校园生活。

她去了中国人民大学新闻系。她选择学新闻的原因是，从小接受的是封闭式训练，很少跟外界打交道，成名以后，与外界接触最多的是记者，"感觉这个职业挺好玩的，去哪采访都行，成天可以跑来跑去，就当是旅游了，还能接触很多东西"。

她背上书包去上学，预想中的快乐立刻全没了。第一堂英语课就让她刻骨铭心。那天，知道自己的文化底子薄，她怯怯地坐在教室里的最后一排。上课的时候，英语老师一口流利的英语让她傻眼了。看着别的同学与老师对答如流，莫慧兰只盼快点下

课。老师似乎注意到她的一脸茫然，把她叫起来，接下来问了一连串的英语问题。这对莫慧兰来说是真正的"对牛弹琴"。旁边的同学好心提醒她，老师叫你用英语介绍自己呢。她这才慌乱地站起来，说了句，"I AM SORRY！"便哑了。这位在世界大赛场上面对数万观众都能从容自如的体坛名宿，那一刻像一个做了错事的小女孩，闹个满脸通红，好半天都抬不起头。

她没被击倒。从小接受严格的训练，经过千锤百炼以及她的恒心、毅力和不服输精神再次起作用，她不被困难吓倒！好在从辉煌的顶峰走下来，她就做好了准备：她的前面有无数世界冠军从平凡中走进辉煌，又从辉煌中离去，走回平凡。从那以后，她成了班上最勤奋的学生，每天起早贪黑地埋头

学习。她四年的本科生活就这么过去了。在勤奋学习中她一门门的功课合格，那种进步的喜悦有点像体操里个人全能中的一个个单项成绩，挺有成就感的。门门功课全都合格，她的兴奋犹如赛场上获得全胜。

2002年，莫慧兰大学毕业后，进入凤凰卫视实习。凤凰台正好要办一个关于中国奥运的体育专题节目，几番磨合后，她成了这个栏目唯一一名出镜记者。从学生到一个电视节目主持人，她经历了一个很难受的阶段，凤凰台的节目主持人名气太大了，名气大的人，受众就较多；受观众欢迎的人，做节目很容易与观众沟通、配合，等等。总之，一个初涉者与一个很受欢迎的名嘴差距太明显了，大到她常常为做不好节目内疚，也偷偷流泪。难，难，难，做什么都难。但，这种难比起体操训练，比拿下

本科毕业证来说，又容易多了。她很快学会了自己做外联、采访、编片子等等，学会了很多。

没多久，身材娇美的她，在一大群体育记者中显得非常抢眼。

吃得苦中苦，方知甜中甜。受过种种苦，熟悉自己的工作之后，她的工作和生活变得从容起来。体操是她曾经为之付出十年之久艰苦磨炼的事业，有过辉煌和留下遗憾让她有割舍不了的情；对体育有特殊感受、特殊理解、特殊感情的人，做体育节目主持人比没有这样经历的人，就容易得多。

体操训练让她受益匪浅，工作同样让她受益匪浅。

中国妇女儿童博物馆，是我国第一个以妇女儿童为主题的国家级博物馆。第一个中国妇女儿童博物馆是北京迎接奥运会重点工程之一的馆。新建的馆，奥运会要开张的馆，要做的工作就大多特多。再多的工作，最重的是馆藏。馆藏是什么，是文物。文物又叫镇馆之宝。新建的馆，最缺的就是文物。博物馆什么都能缺，就是不能缺少文物。

为了丰富新馆馆藏，全国妇联等五部委委托各市有关部门向社会征集妇女儿童文物。莫慧兰知道此事后，立刻与桂林的父母亲电话商量，决定无偿捐献广岛亚运会平衡木金牌，以及1995年全国十佳运动员的奖杯、奖状，交由桂林市妇联转中国妇女儿童博物馆收藏。

平衡木金牌是莫慧兰在广岛亚运会5枚金牌中含金量最高的一枚，含金量最高的文物叫镇家之宝，也叫镇宅之宝。这是莫慧兰第一次捐献。

现在，莫慧兰已经能过上小康生活了。有人以为她拿过不少的金牌，早该过上富妹富姐日子了。其实不然，那时运动员的奖金与现在的运动员奖金大不一样。她那时冠军的那点奖金和现在冠军不菲的各级奖励、加上丰厚的广告收入相比，的确是不可同日而语相形见绌。不过她并不眼红，更不会嫉妒，她对自己走的每一步都很满意，是她自己想要的那种生活。能过上自己想要的生活，她觉得知足了。

她也有不乐时。当体育记者不久，她注意到不少运动员退役后的生活艰难，心里就很不舒服。她太了解运动员了，运动员成长时，接触的人

和事比较少，思维相对走直线，退役后大部分人选择的领域相对比较窄。她起了帮助退役运动员的念头。2007年，一位前马拉松国际比赛冠军卖金牌维持生计的新闻引起轰动，促使她把想法开始付诸行动。她知道没有一个人不珍惜金牌，金牌对任何一位获得者来说，都是如同生命般的重要，不到万不得已的地步，谁愿意卖掉跟生命一样重要的金牌？

不忍朋辈卖金牌，她赶紧行动起来。她在自己的博客写道："今天一问才知道她比我还小一岁。听她说她现在她的日子还跟原来媒体报道前一样，没有记者采访的时候她还会去摆地摊卖些小孩的衣服，一天收入也就30元……真希望'退役运动员就业辅导基金'能早点成立。"她的博客点击率很高，把她的想法公之于众，就是要获得大家的支持，让自己的想法变成大家的共同行动。

她工作之余，就忙着发起"退役运动员就业辅导基金"。她的想法得到大家赞同。田亮了

莫慧兰在奥运会上获跳马银牌(1996)

解了"退役运动员就业辅导基金"的情况后，表示他一定大力支持。杨杨告诉莫慧兰，她一定帮忙。邓亚平说，这个想法挺好，希望在操作层面加强沟通。她的想法得到一大批奥运冠军的认同。

让名人关注，让媒体关注，让百姓关注，让大家看到中国的运动员在为国家为民族艰辛付出之后，能够像普通人一样在一个社会岗位上继续发光发热。她希望通过大家的共同努力，以后不再有运动员为生活所逼去摆地摊卖金牌！

这样做，她更忙，也就更累。我国每年至少有3000名运动员退役，高达40%左右的退役运动员难以及时、适当安置，也就是，每年至少有1000名运动员退役即失业。所以，再忙再累，她都认了。

没人愿做的事，总得有人做。助人为乐，如果人人都不做，这个社会还可爱吗？如果一个民族人人都不做，这个民族还有希望吗？现实是，没有这个假设。

莫慧兰很忙，也很累。她一直都累。过去，她累，是人人都愿做却没几个人能做到的事情，所以，她做出个辉煌的事业；今天，她累，是人人都能做到却没几个人愿做的事情，所以，她会有个精彩人生。

　　身轻如燕，意志如铁。1994年日本广岛亚运会上，年仅14岁的她一人独得5枚金牌，创中国女子体操个人夺金纪录。1995年她为中国夺得首枚世锦赛平衡木金牌。她还在高低杠上独创"莫氏空翻"新动作，扬名世界坛。

农群华

NONGQUNHUAPINMING
SANLANGJINPAILEI

拼命三郎金牌泪

157

巴塞罗那奥运会，羽毛球首次进入奥运会的大家庭。

第一次参加奥运会的中国羽毛球队拥有李永波、田秉毅、关渭贞、农群华、唐九红等世界羽坛的战将，堪称豪华阵容。赛前，许多人对这支队伍寄予厚望。然而，奥运开赛后，中国队便饱尝首次奥运大赛的苦涩，一个个名将纷纷落马，最后，只剩下一对女双选手进入决赛。

唯一一对进入决赛的选手就是农群华和关渭贞。作为世界羽坛劲旅的中国队，奥运会梦寐以求的夺冠希望，全部落到她们俩的身上了。这时，农群华26岁，关渭贞快30岁了。首次奥运之旅，她们俩很清楚，这也是她们最后一回的奥运之行。

壮族姑娘农群华，三度进出国家队大门，当时国家队高手如云，群星璀璨，几次晋京，国字号战袍，尚未穿暖，便被退回。直到24岁时，才开始在世界羽坛崭露头角，锋芒初试，1990年的北京亚运会，便为中国队夺取女团、女双两枚金牌，锋芒毕露。1991年世锦赛，她和关渭贞拿了女双冠军。大器晚成的她，对这枚奥运会首金，自然是非常渴望，志在必得。搭档关渭贞，多次获得世界冠军，去年的羽毛球世界锦标赛就和农群华配对，便夺了女双金牌。原本准备退役，羽毛球成为奥运会正式项目，为这枚重之又重的金牌，她又披上国家队战袍。女双开赛以来，两人齐心合力，一路过关斩将，杀进决赛。决赛对手是韩国组合黄惠英和郑素英，此前两对选手曾数次交锋，互有胜负，实力可谓旗鼓相当，难分上下。

首局。农群华和关渭贞拼劲十足，双方杀气腾腾你来我往，互不相让，比分交替上升。农群华和关渭贞16比14领先时，胜利的天平开始向中国队倾斜。就在这时，裁判却判中国队发球违例！关键时刻，本来可以乘势拿下这一局的得分机会，被裁判一判为发球违例，该中国队得分的机会变为拱手送给对方了！对手发球违例，就是对手将获胜的机会拱手相送，这可是个大礼呀，韩国人自然毫不客气收下，老道的韩国人获喘息之机，迅速将颓势稳住，乘机反败为胜：18比16。第一局，韩国人就这样胜了。

第二局。关渭贞和农群华稳住情绪，重新发起猛烈的冲击，以15比13取胜。

决胜局。农群华和关渭贞在11比14落后时，顽强拼搏，连追两分，13比14。再拿一分就可以追平，就有乘势追击之机。关键时刻，那个英国裁判又判中国选手发球违例！农群华、关渭贞乘势追平之机，乘势追击之机，乘势取胜之机失去了。乘势追平之机再次拱手让出，农群华呀，关渭贞呀，你们怎么能这样打啊？于是，韩国人再拿下一分，15比13。韩国人胜了。农群华关渭贞功亏一篑屈居亚军。

羽毛球成为奥运会正式比赛项目的第一场女双决赛，第一枚女子双打金牌决战，英国裁判在这场关键比赛的关键时刻，一共判了农群华、关渭贞6次发球违例！

颁奖仪式上，获得金牌的韩国人脸上笑开了花，获得银牌的关渭贞农群华则低头拭泪。全然没有中国羽毛球队奥运会之旅的第一枚银牌的兴奋。

不可思议的6次发球违例啊！

农群华，你流什么泪？你12岁就入选广西羽毛球队，17岁就以响亮的"拼命三郎"名号叩开国家队

农群华（左）与关渭真合作获得奥运会羽毛球女双银牌(1992)

农群华在比赛中

大门，多次在全国、亚洲、世界各种大赛中展现过"拼命三郎"风采，让多少高手吃尽"拼命三郎"苦头，拿过各种冠军，怎么一到奥运决赛场上，就变得连球都不会发了？一场球赛有6次发球违例，太多了吧？发球是什么，是羽毛球最基础的基础，是羽毛球少儿队、学前班的人必须解决的啊。关渭贞也是，无数次征战于各式各样赛场的沙场老将，各式各样的冠军拿了不知多少次了，跟农群华合作，到了奥运金牌决战，连发球都不会了。你们的对手也不是什么战无不胜的神仙，你俩跟她们交过手，互有胜负，去年的世锦赛，你俩就曾经把她们拉下马，将她俩淘汰出决赛圈外。就拿这场决赛来说吧，你俩几次领先，也曾让她俩胆战心惊啊。

况且，巴塞罗那奥运会开幕式上，运动员代表、裁判代表都分别代表全体运动员和裁判员向奥运会的五环旗宣誓：保证公平竞赛，公正竞赛。这就说明，韩国人不可能买通裁判员。

没有人能够理解农群华为何流泪。有的，只有惋惜。

事后，那名英国裁判被世界羽联开除：永久停职。

这个裁决道出了农群华关渭贞流泪的原因，裁判问题。

惋惜就变了，变为痛惜，变成愤慨，举世瞩目的巴塞罗那奥运会，大赛组织者为什么让如此不公正、低水平的裁判混进世界大赛的圣殿？

说不清了。清楚的，韩国人的笑，是永远的；农群华和关渭贞的泪，是永久的。

1966年，农群华出生于上林县的一个普通家庭，父亲是汽车司机，母亲是服务员。家中七兄妹，她是最小的一个。普通人家子女又多，最小的孩子自然体质弱，不仅体质弱，胆子也特别小。上初中那年，体育老师让她投篮，她脸红心慌硬是不敢投，一副弱不禁风的样子。她小是小，弱是弱，却喜欢羽毛球。那天，听说广西体校教练到上林选体育人才，她就敢去试试。谁知一去试，居然被教练看中了。教练看中了，她也有勇气敢离开上林县城的家。这样，12岁的她进了广西业余体校。父母亲和六个哥哥姐姐都担心她吃不了这个苦。她只是笑了笑，不试，怎么知道。

　　1978年，农群华在启蒙教练林健英指点下，开始接受广西体校的羽毛球训练。由于身体单薄，那时很感吃力，每天训练下来，腰酸腿痛，累得连话都说不出来。但再苦再累她都要挺住，因为，她喜欢这项运动。教练和队友们也喜欢这个新来的小妹子，朴实，坦诚，不怕苦。教练和队友们喜欢，对她的照顾和关心也就细致入微了。慢慢地农群华就适应了这个新环境。两年后，她第一次参加全国业余体校青少年羽毛球赛，就获得女子单打第三名。须知，中国是羽毛球大国，羽毛球在中国有广泛的群众基础，从小在全国的业余体校接受训练的孩子何止成千上万。她这个第三名就说明她已经是这个年龄段全国青少年里的佼佼者。

　　1980年，农群华入选广西羽毛球队。一进广西队，她立刻感受业余队与专业队的巨大差距。身体素质、技战术水平跟队友们比，差距不小；教练训练非常严格。身体素质差，她每天提前半个小时起床练体能，800米中长跑，100米冲刺，俯卧撑，举亚铃，从不减少，从不偷懒，从不间断，体能训练以后，就是紧张的练球。练球之所以说是紧张，是天天练发球，天天练接球。练发球，则要求发到对手很难接的地方。练接球时有三个队员陪练，三个陪练队员噼噼啪啪把羽毛球如流星般地向各个不同方位射去，她得满场飞奔，前后左右不停地把球挡回去，往往累的大汗淋漓，气喘吁吁，筋疲力尽。来回的跑动，她从不叫苦，她知道这是每一个优秀的运动员每天必走的路；教练打来的球越来越狠，越来越刁，她的接挡也越来越难，她还是不吭声。她懂得，她在进步了，而且，还不慢。教练对她要求越来越高，从救球、接球，到把球救回又要求送到对方难接的地方，送到对手无法再发起二次三次进攻的方位……高难度高强度的训练，随着农群华发球水平越来越高，接挡等防守能力越来越强，进攻日愈犀利，手段日愈丰富，劈杀、封网、轻吊等等一剑封喉技艺日臻完善——自觉地磨炼，默默地苦练，她出落成一位技艺超群的姑娘；训练场上发狠地练、玩命地练，练成赛场上无所畏惧精灵刁钻的羽坛猛将。她太拼命了，与《水浒传》里那个叫石秀的英雄太相似太形象了，人们把石秀的美誉送给她："拼命三郎"。

　　17岁的"拼命三郎"叩开了国家队的大门。进了国家队并非意味着从此事事如意一帆风顺，高手如云的国家队，群星闪烁的国家队，"进门艰难，出门容易"是出了名的。也许是身材瘦小，或是历练不够，国家队里那群眼睛明亮经验老到的教练们对农群华总是有些

拿不定主意；一犹豫就是冷落，再冷落就得退回。你国字号不用，可别耽误人呀，再怎么样人家农群华在省级队里也是培养多年才成长成当当响的主力队员，不该在国家队里长时间坐冷板凳。

退回影响就大了，在省级队里出类拔萃能攻善守的骁将，好容易冲进京城，国字号战袍还未穿暖，就遭弃用，咋回事啊？有人不理解。不理解就不理解吧，农群华知道自己不能泄气，她还年轻；不能怨天怨地，要怨就怨自己。她很认真从自家身上挑毛病，与国家队绝对主力队员一对比，就找出原因，有差距，刀不够利，剑不够快。有差距就别好高骛远异想天开。于是她更勤奋练发球，练防守，练进攻。她相信真金不怕火炼，剑锋从磨砺中出。从国家队回来，她不满足于在广西、在国内各种赛事里折腾了。她不但懂得在与国内一流高手的对比中，找到自己不足之处，还明白眼要高：要在国际大赛上崭露头角，就要做好充分准备，准备与那些世界羽坛顶尖高手过招；手不能低，龙争虎斗，攻城拔寨，真正的惊心动魄的战斗，手低的话，技战术水平不是超一流的话，凭什么在风云突变、激烈争斗中稳操胜券立不败之地！竞技体育为国争光是什么，是击败那些世界顶尖高手！勤练、苦练、巧练，她的速度、反应、爆发力大有长进，她终于再次披上国字号战袍。

三度进出国家队。从17岁到24岁，整整又练了七年。直到1990年北京亚运会，24岁的农群华才第一次出任国家队双打主力。第一次担任双打主力，就为中国队夺得亚运会女子团体、女双两块金牌和一个尤伯杯冠军。钢铁就这样炼成的，虽然是大器晚成。

1991年，在丹麦举行的第7届世界羽毛球锦标赛，女双半决赛时，农群华和关渭贞就遭遇世界第一号种子选手黄惠英

农群华与广西羽毛球女队姑娘们

和郑明熙，一对雄霸世界羽坛霸主位置足足两年之久的顶级高手，狭路相逢，巅峰对决！两强相遇，农群华和关渭贞毫不畏惧奋勇搏杀，用绝顶的技战术将这对韩国组合踢出决赛圈。最后的决斗，农群华在全世界亿万观众面前酣畅淋漓地展示"拼命三郎"威风，与关渭贞用近乎完美的技战术、无懈可击的默契配合打败最后一只拦路虎，当之无愧地登上世界羽坛的最高领奖台。

女子双打世界冠军的金牌金光四射，是含金量很高的技战术水平的熠熠生辉，是刀光剑影中勇士勇气赤金足金的锋芒毕露。

1992年西班牙的巴塞罗那，才隔一年，对首枚奥运会女双金牌、世界羽坛分量最重的金牌，农群华和关渭贞一路过关斩将，骁勇无比，表现了对这块金牌极大的信心，"拼命三郎"豪勇依然；一路攻城拔寨，所向无敌，证明了中国的顶尖高手的实力强大，技战术水平完美无缺！拦在夺金路上所有的英雄豪杰——败在她俩的拍下，冲进决赛决斗，真正的勇冠三军啊，眼看着完全可以用完胜、用金牌来书写中国羽坛的辉煌，奥运梦就要实现了，却忽然连发球都不会了。

夺冠决斗的6个发球违例，农群华，你疯了吧？关渭贞，你呢？一场比赛有6次得分、得势、得胜的机会，拱送给对手，千锤百炼的你俩，关键时刻连发球都不会吗？

事后，国际羽联的处罚证明，农群华没疯，关渭贞没错。疯了的是那个英国裁判，错，也全错在他。那个把世界上技战术水平最高的一对中国选手，决赛中判了6次发球违例，这样的裁判真的是疯了。一对技术最优秀的组合，一场比赛接连犯6次最低级的错误，有这种可能吗？过后的一切证明，没有。错，全是那个英国人。

错在英国裁判。

英国人犯的是无法纠正错误！金牌已经发了，不能追回了；决赛已经结束了，不可能再赛一场。

于是，关渭贞农群华泪洒巴塞罗那奥运会，是永远不干的泪。

1993年，在英国举行的第8届世界羽毛球锦标赛，关渭贞农群华勇往直前，一路高歌猛进，所向披靡，在世人面前，以最完美的技战术水平和最强有力的进攻捧起了女子双打金牌。站在最高领奖台上，她们笑了，眼里含泪花。当之无愧的世界冠军的笑，是最动人的笑，是最美的笑！她们用蝉联两届的世界冠军向世界证明，她们才是当今世界一对技术最优秀的组合。

不知道那个英国裁判，那个被国际羽联永久停职的英国人，看到这个最美最灿烂的笑时有何感想。

也是1993年，农群华含泪告别羽坛。她已搏击15个春秋了，从青涩少女到世界冠军，多少汗水泪水，多少激动欢笑，还有巴塞罗那永远刻骨铭心的泪，最美的笑和最痛的泪都已经成为过去。过去了就让它过去吧，她要做的是人生又一次迈步。

她有很多条平坦大路可以走，条条大路通罗马，她的路多的让人眼红：出国留学，凭着绝技在身，既可以深造又可以淘金；投身商海，凭着名人效应，名利双收肯定不难……都不走。她踏上书山的曲径。

大明山奇峰兀立，逶迤延绵，烟波迷万壑，雾海隐千峰，点缀着山奇；上林县的大龙洞水库，是世界喀斯特岩溶地貌三大高山平湖之一，长达17公里的湖面，碧水连天，波光粼粼，湖光山色，春路雨添花，花动一山春，荡漾着水灵；鬼斧神工般的大自然风光，连大地理学家徐霞客都被迷住了。天宝物华，人杰地灵。如果说，羽坛上摘金挂银，是小时候一时兴起的杰作；最叫农群华牵肠挂肚的梦想，就是上大学了。她从小就相信"学海无涯苦作舟，书山有路勤为径"，向往"潮声高枕夜，月色半池秋；柳长莺频过，花翻蝶欲留"那种山水伴读书的意境。特别是经历了15年的打磨拼搏，她已经明白自己最需要什么，她选择去读书。

于是，外交学院一间普通的新生宿舍里，有一个普通的下铺，床上靠墙壁放着一个摆满书的小书架，书架旁放着一台过时的录音机，不高的墙壁上还贴满了英语的元音、辅音的音标。这就是农群华的床铺。农群华的大学生时代就是从这里开始了。

开学第一天，农群华用学的英语作自我介绍："我叫农群华，今年29岁……"

班上十八九岁的同学惊讶了。两届尤伯杯和两届世锦赛女双冠军得主，居然出现在他们班上，竟然与他们同行在求学路上。有道是：年过三十不学艺，过了四十不吹笛。坐在教室里，她立刻发现她的同学个个都是经历中考、高考摸爬滚打过关斩将才跻身名牌大学的尖子。名校就是名校，同班的同学个个比她强。与这群青春少年同行，根本就不是同一个起跑线上的。

她只有背水一战。拉下太多功课了，她得恶补。补基础课要花很多时间，她不能影响宿舍的同学休息，就跟老师借了一间办公室。这样，别人上课，她上课；别人休息了，她到办公室看书背书。补基础课不但要补得扎实，而且还得要快，在饭堂吃饭，她连炒菜都不敢吃，因为这要排队，她等不起，不用等的只有盒饭，于是拿起盒饭就走人。有时她连饭堂都懒得去，一包方便面就可解决。第一个学期叫适应期，适应期她的主食就是盒饭和方便面。艰难吧，她不觉得，书山有路，只需要她勤而已。

第一个学期勤一点就过去了。第二个学期还得勤。适应期勤一点，紧张一些无所谓的，攀登书山原本就不企求轻松。第二个学期还要适应，适应期太长了，没完没了，就不好玩了，那可就是学海无涯了。无边无际的学海可苦了，还不是一般的苦，

休闲中的农群华

是艰苦了。有段时间她病了，头痛，失眠。医生说是缺乏运动。笑话，著名运动员，缺少运动，这可不是天方夜谭吗。可这是事实，农群华脸色苍白证实了大夫的诊断。苦作舟，她倒不觉得苦，这苦正是她自己所要的，她从苦里得到充实。

"学海无涯苦作舟"，用来表现农群华求学之路，实在太吻合了：泛舟于学海求知苦海之中，苦中知苦，苦中有乐。尝尽苦中苦是农群华所乐意的，乐意体验体会。在羽坛搏击15个春秋，她战胜过无数对手，每一次取胜都很难；也无数次战胜自己，每一个战斗，都是自我挑战，而且是更艰难的挑战。没有一个世界冠军不是从先战胜自己开始，才走到战胜对手。特别是经历了巴塞罗那的苦与泪，对比之下，学海虽然无涯，苦作舟，有舟了，渡海渡涯何苦之，何惧之。

慢慢地她还喜欢考试。喜欢考试那种紧张气氛，考试那种紧迫感受、危机感推着她往前走，逼着她不停地翻书、背书，强记硬背。考试还有一个好处，是检验自己的学习成绩，找出差距，这就好了。当年她几度被国家队弃用，有过不知道为什么，现在，一考试，哪儿不足，哪些没准备好，一考就知道。知道就清楚自己下一步该怎么走。

一个学生，当她不怕考试，喜欢考试，学业的桂冠——毕业证离她还远吗？

从外交学院毕业，她到国家体育总局乒羽运动管理中心外事部任翻译。

有一年，汤尤杯赛在吉隆坡举行。汤尤杯赛是世界羽坛一大赛事，也是国家羽毛球队极为重视的大赛。国家队到吉隆坡，当翻译的农群华自然也随队去了。

世界羽坛大赛事，吉隆坡就来了不少的各国记者。中国队是夺冠的热门球队，自然是各国记者们最感兴趣的球队。于是，国家队不管到哪里，周围总是围着不少人。记者们的话题可多了，几乎没有什么东西是他们不感兴趣的。他们当中总有人问："你们当年的世界冠军有没有人来？""有啊，是农群华。"欧洲人马上说："啊，是打女双的。她现在做什么呢？""她在中国乒羽运动管理中心当翻译。"那些欧洲记者顿时瞪大眼睛，以为国家队的领队在胡说。

其实，那些欧洲人一点也没想到，一直站在中国队领队身边那个英语说得很地道很流利的翻译就是农群华。

后来，那些无孔不入的欧洲记者们终于还是知道，中国队那位英语说得纯熟地道漂亮的女翻译官就是农群华时，欧洲人又是感动又是敬佩，感动的是一位世界冠军居然愿意做一名不起眼的翻译；敬佩的是，从羽毛球神坛走下来的前世界冠军做翻译，水平如此的高。角色转换可真大啊，然而，她做得很自然。

2008年的北京奥运会，中国提出的"同一个世界，同一个梦想"让世人感动，太美了，太友好了，但愿不会是说的漂亮的吧，能做得到吗？

做不做得到，别的就不说了，只以农群华为例。早在2007年，农群华就被调到北京工业大学羽毛球场馆进行奥运会前期准备工作了。她任职是：北京奥运会羽毛球运动员服务团队主管。任务是：各国羽毛球运动员，只要进入场馆，除了比赛之外，有什么需要，运动员服务团队都能做到。这个服务团队共18个人，其中17个是志愿者。

很明显，之所以要农群华来任这个主管是因为她当过运动员，参加过奥运会，非常熟悉运动员心理，了解他们需要什么。为参赛运动员营造一个温馨的家，为向世人展示友好北京，农群华提前一年进入角色（在此之前的奥运会所有举办国都做不到）。

提前进入角色，又是前世界冠军做主管（估计这也是之前的奥运会举办国没能做到），准备工作做得细了又细，不说别的，光是运动员休息室就仔细布置过几次，除了为运动员准备茶点和各种饮料之外，还布置了绿色植物，地毯也换了蓝色的。农群华说："运动员参加比赛，尤其是奥运会比赛，一般压力都很大，因此，我们必须尽最大的可能为他们减轻压力。绿色植物和蓝色地毯，这样的搭配会让运动员感觉到了家一样，有一种温馨的感觉，多多少少可以缓解一些压力。"

怎么样，进入角色够细了吧，假如不是多次参加世界大赛，能做得这么细吗？

北京奥运会，各国参赛运动员一到北京工业大学羽毛球比赛场馆，看到大名鼎鼎的前世界冠军农群华带着志愿者为他们服务时，个个惊奇又感动，"同一个世界，同一个梦想"，中国不光这样说，也真的正在做。

2008年8月10日，雅典奥运会男单冠军、印尼名将陶菲克收到志愿者为他准备好

的生日小礼物时，这位印尼人感动了，连连表示感谢。生日是每一个人感恩于母亲的日子，这个非常特殊的日子，在中国北京，有个羽毛球运动员服务团队替他想到了。

北京奥运会，除了给运动员们减压，送去安慰和提供必要的生活用品外，农群华还带着志愿者们为6名进入羽毛球场馆的运动员过生日。"每个运动员生日，我们会为他们准备一些小礼品，尽管不是什么贵重的东西，但却让他们感到惊喜。"农群华说。

"他们真是太好了，我们想到的，他们想到了；我们没想到的，他们也替我们想到了。"奥运女单冠军张宁如是说。

"我们做的事情可能微不足道，但只要对运动员有帮助，哪怕是一点点，也值了。"农群华淡然地说。

就是这么一点点，就有很多人感受到北京的友好。

就是这么一点点，进入北京工业大学羽毛球场馆的运动员个个体验到中国人提出的"同一个世界，同一个梦想"说的是春华的动人，做的是秋实的美丽了。

也许，巴塞罗那奥运会委屈的泪水太难忘了，她不想她服务的运动员再受到委屈，哪怕她做的全都是小事。

一个人连小事都做不好，还指望他做大事吗？一个人连小事都做好了，还用担心他做的大事吗？

附录：广西体坛金牌光荣榜

　　广西体育五十年历史有着数不胜数的光荣。正是这些光荣，让五十年的历史星光璀璨。镌刻光荣，就是不断倡导奥林匹克的精神与理想；镌刻光荣，就是在奥林匹克历史上写下广西闪亮的名字；镌刻光荣，就是把"更高、更快、更强"的信念永远地攥在自己的手中。

奥 运 冠 军 榜

李 宁

壮族。籍贯广西来宾。国际级运动健将。1984年在洛杉矶第23届奥运会上获男子自由体操、鞍马、吊环3枚金牌。先后在奥运会、世界锦标赛、世界杯体操比赛中获14项冠军，被誉为"体操王子"。其独创的吊环"正吊1"、"正吊2"和鞍马"正交叉转体90°经单环起手倒立落下成骑撑"动作被国际体操联合会以"李宁"命名。4次被评为全国十佳运动员，5次获国家体育运动荣誉奖章。1999年被国际体育记者协会评为25位20世纪世界最杰出运动员之一，是中国唯一获此殊荣的运动员。2000年被列入国际体操联合会设立的国际体操名人堂。2008年8月8日亲手点燃北京奥运会主火炬。

韦晴光

籍贯广西南宁。国际级运动健将。1988年在汉城第24届奥运会上与陈龙灿合作，获乒乓球男子双打冠军。同年被评为全国十佳运动员。曾获第39届世界乒乓球锦标赛男子双打冠军。先后获亚洲(含亚运会)冠军4项、全国冠军7项。2次获国家体育运动荣誉奖章。

李 婷

侗族。籍贯广西桂林。国际级运动健将。2004年在雅典第28届奥运会上与劳丽诗合作获跳水女子双人跳台金牌，是广西首位女子奥运会冠军。曾获世界冠军7项、亚运会冠军2项。曾获全国三八红旗手称号，被授予全国五一劳动奖章。曾入选广西十大女杰。2次获得国家体育运动荣誉奖章。

吴数德

籍贯贵州兴义。运动健将。1984年在洛杉矶第23届奥运会上获得男子举重56公斤级总成绩金牌，是广西第一位奥运会冠军。曾获世界冠军4次，是中国第一位举重世界冠军。3次打破举重世界纪录，6次打破举重世界青年纪录，被誉为"东方大力神"。5次被评为全国十佳运动员，5次获国家体育运动荣誉奖章。

唐灵生

籍贯广西临桂。国际级运动健将。1996年在亚特兰大第26届奥运会上获举重男子59公斤级总成绩冠军，并以307.5公斤的成绩打破该级别总成绩世界纪录。曾获第67届世界举重锦标赛59公斤级挺举冠军。3次获得亚洲举重锦标赛冠军。获国家体育运动荣誉奖章。2000年获全国先进工作者称号。2次获得全国五一劳动奖章。

陆　永

侗族。籍贯广西三江。国际级运动健将。2008年在北京第29届奥运会举重男子85公斤级比赛中，以抓举180公斤、挺举214公斤。总成绩394公斤的成绩获总成绩金牌，实现中国男子举重大级别项目奥运会金牌零的突破。曾获世界锦标赛亚军、亚运会亚军和3次全国冠军。2008年获自治区劳动模范称号。

奥 运 奖 牌 榜

陈永妍

籍贯广西梧州。运动健将。1984年在洛杉矶第23届奥运会上与队友合作获女子体操团体铜牌。1982年参加在印度新德里举行的第9届亚运会，获体操女子团体冠军和个人全能金牌、跳马银牌，被誉为"亚洲体操皇后"。曾获第21届世界锦标赛女子团体、平衡木银牌。1980—1984年间9次获全国体操冠军，其中第5届全运会获平衡木、跳马和女子团体金牌。1980年国际体操联合会技术委员会批准其在平衡木上的"踺子前空翻转体540°下"为创新动作。

明桂秀

籍贯广西桂林，运动健将。1984年在洛杉矶第23届奥运会上与队友合作获得女子体操团体铜牌。1983年参加在上海举行的第5届全运会，与队友合作获体操女子团体冠军。先后8次获全国体操冠军。

朱觉凤

籍贯广西玉林。运动健将。1984年入选中国队参加在美国洛杉矶举行的第23届奥运会，获女子手球铜牌。曾获全国三八红旗手称号，获授予广西五一劳动奖章。评为广西十佳运动员。

黄 华

壮族。籍贯广西河池。国际级运动健将。1992年在巴塞罗那第25届奥运会上获得羽毛球女子单打铜牌，与队友合作获第13届、14届尤伯杯羽毛球赛女子团体冠军和第10届亚运会羽毛球女子团体冠军，个人获第11届555杯世界羽毛球赛女子单打冠军，3次获国家体育运动荣誉奖章，先后获全国五一劳动奖章、全国三八红旗手、全国新长征突击手称号。

黄 群

壮族。籍贯广西柳州。国际级运动健将。1984年在洛杉矶第23届奥运会上与队友合作获女子体操团体铜牌。1986年参加在韩国汉城举行的第10届亚运会,获体操女子团体、高低杠金牌。先后8次获全国体操冠军(含全运会冠军1项)。

李孔政

籍贯广西南宁。国际级运动健将。1984年在洛杉矶第23届奥运会上获跳水男子10米跳台铜牌。与队友合作,1983年获第3届世界杯跳水比赛混合团体冠军;1985年获第4届世界杯跳水比赛男子团体、混合团体冠军。曾获亚运会金牌2枚。2次获国家体育运动荣誉奖章,获国家体育运动一级奖章。曾当选第11届共青团中央委员。

农群华

壮族。籍贯广西宾阳。国际级运动健将。1992年在巴塞罗那第25届奥运会上与队友合作获羽毛球女子双打亚军。与队友合作,获第13届、14届尤伯杯羽毛球赛女子团体冠军。第7届、8届世界羽毛球锦标赛女子双打冠军。先后获亚运会冠军2次、全国冠军3次。曾获全国五一劳动奖章,3次获国家体育运动荣誉奖章,被评为全国最佳羽毛球运动员。当选中共十四大代表。

林启升

籍贯广西南宁。国际级运动健将。1992年参加在西班牙巴塞罗那举行的第25届奥运会举重比赛,获男子52公斤级银牌。曾获举重亚洲冠军6项。获授予国家体育运动一级奖章。获自治区劳动模范称号。

张祥森

籍贯广西浦北。国际级运动健将。1996年在亚特兰大第26届奥运会获举重男子54公斤级亚军。1995年参加在中国广州举行的第67届世界举重锦标赛获男子54公斤级挺举和总成绩2项冠军。先后3次获亚洲冠军、2次获全国冠军。1995年入选全国十佳运动员。获国家体育运动荣誉奖章、2次获国家体育运动一级奖章。获自治区劳动模范称号。

莫慧兰

籍贯广西桂林。国际级运动健将。1996年在亚特兰大第26届奥运会上获体操女子跳马银牌。1995年参加在日本鲭江举行的第30届世界体操锦标赛获平衡木冠军,成为广西女子体操项目首位世界冠军。曾获第12届亚运会体操比赛女子跳马、高低杠、平衡木、自由体操、团体金牌。其在高低杠上创新动作被国际体操联合会命名为"莫氏空翻"。2次入选全国十佳运动员,获国家体育运动荣誉奖章。

吴文雄

籍贯广西平南。国际级运动健将。2000年参加在澳大利亚悉尼举行的第27届奥运会举重比赛,获男子56公斤级银牌。获自治区劳动模范称号。

周 蜜

籍贯广西南宁。国际级运动健将。2004年在雅典第28届奥运会上获羽毛球女子单打第3名。与队友合作,2001—2004年间先后获第7届苏迪曼杯羽毛球混合团体赛冠军,第19届、20届尤伯杯羽毛球赛女子团体冠军,第14届亚运会羽毛球女子团体冠军。1999—2004年间个人先后获全国城运会、全国锦标赛羽毛球女子单打冠军,第12届世界羽毛球锦标赛女子单打亚军、第14届亚运会羽毛球女子单打冠军。获国家体育运动荣誉奖章、自治区劳动模范称号。

肖建刚

籍贯广西临桂。国际级运动健将。1996年在亚特兰大第26届奥运会上获举重男子64公斤级铜牌。1997年参加在泰国清迈举行的第68届世界举重锦标赛获男子64公斤级挺举和总成绩2枚金牌。先后12次获全国冠军、3破3超亚洲纪录，6破全国纪录。获国家体育运动荣誉奖章、国家体育运动一级奖章。获自治区人民政府记一等功1次。当选中共十六大代表。

秦艺源

籍贯山东。国际级运动健将。在1996年亚特兰大第26届奥运会、2000年悉尼第27届奥运会上与队友合作，获羽毛球女子双打第3名。与队友合作，1997年在英国格拉斯哥获第5届苏迪电视台杯世界羽毛球混合团体锦标赛冠军。1998年、2000年分别获得第17届、18届万尤伯杯飞行羽毛球赛女子团体冠军，获第13届亚运会羽毛球女子团体冠军。4次获国家体育运动荣誉奖章，2次获自治区劳动模范称号。

黄楠雁

籍贯广西南宁。国际级运动健将。与队友合作，2000年在悉尼第27届奥运会上获羽毛球女子双打亚军。1999－2002年间先后获第6届、7届苏迪曼杯世界羽毛球混合团体冠军，第18届、19届尤伯杯世界羽毛球女子团体冠军，第14届亚运会羽毛球女子团体冠军。获国家体育运动荣誉奖章、自治区劳动模范称号。

李文全

籍贯广西阳朔。运动健将。2008年参加在北京举行的第29届奥运会射箭比赛，与队友合作获男子团体铜牌，创中国射箭男子项目奥运会最好成绩。个人曾获射箭世界杯赛亚军、全国射箭比赛冠军。获自治区人民政府记一等功、三等功各一次。

世界冠军榜

梁戈亮

籍贯广西玉林。1971年作为主力队员，参加在日本名古屋举行的第31届世界乒乓球锦标赛获男子团体冠军，成为广西体育史上第1位世界冠军。先后随国家队参加第31-35届世界乒乓球锦标赛，获3次男子团体冠军、2次混合双打冠军、1次男子双打冠军。曾获亚洲（含亚运会）冠军10项。被誉为乒坛"金戈铁马"。3次获国家体育运动荣誉奖章。

何继东　梁建坤　林远向　陈　铁

何继东，籍贯广西桂林；梁建坤，籍贯广西南宁；林远向，籍贯广西梧州；陈　铁，籍贯广西南宁。均为运动健将。1981年在瑞士维德诺第3届技巧世界杯比赛获男子四人全能、男子四人第一套冠军，成为中国男子技巧第1项世界冠军获得者。四人合作先后获世界冠军3次，全国冠军5次。分别获得国家体育运动荣誉奖章1-2枚。
何继东（前左一）、梁建坤（前左二）、林远向（后左二）、陈铁（后左一）

周耀东

籍贯广东顺德。运动健将。1985年参加在前南斯拉夫利沃诺举行的第22届世界自由飞模型锦标赛获F1A团体冠军。1987年在法国杜凡尔获第23届自由飞模型锦标赛F1综合团体冠军。先后获全国冠军6项（含全运会冠军1项）。3次获国家体育运动荣誉奖章。

莫雪琼　侯　卿　颜伟霞

莫雪琼、侯　卿、颜伟霞籍贯均为广西桂林。均为运动健将。1989年参加在前苏联举行的第7届技巧世界杯比赛获女子三人第二套冠军，1989-1990年间三人合作获全国冠军6次。颜伟霞获得国家体育运动荣誉奖章、全国技巧十佳运动员和全国三八红旗手称号；曾当选第七届全国妇女代表大会代表。莫雪琼、侯卿分别获得国家体育运动荣誉奖章和全国技巧十佳运动员称号。
莫雪琼（左一）、侯　卿（左三）、颜伟霞（左四）

谢赛克

籍贯广西柳州。广西第一位国际级运动健将。1981—1985年，作为国家队主力队员先后参加第36—38届世界乒乓球锦标赛，连续3届获男子团体冠军，并获混合双打冠军1次。先后获亚洲(含亚运会)冠军12项。3次获国家体育运动荣誉奖章。2次获自治区人民政府记一等功。获自治区劳动模范称号。2002年，从执教多年的法国回到广西，任广西乒乓球队总教练。

曾建华　印　武

曾建华，籍贯广西柳州；印　武，籍贯湖南津市。均为运动健将。1981年参加在瑞士维德诺举行的第3届技巧世界杯比赛获女子双人第二套冠军，成为中国女子技巧第1项世界冠军及广西女子技巧第1项世界冠军获得者。1980—1985年间两人合作获全国冠军21次(含团体冠军2次)。印武获国家体育运动荣誉奖章及全国三八红旗手称号，曾当选第六届全国人大代表。曾建华获国家体育运动荣誉奖章及全国新长征突击手称号。
曾建华(上)、印　武(下)

陆瑞珍

籍贯广西柳州。国际级运动健将。1987年参加在委内瑞拉举行的世界射击锦标赛，与队友合作获女子飞碟多向团体冠军，成为广西第1位射击世界冠军。曾获亚运会、亚洲锦标赛射击比赛团体金牌各1枚，全国冠军3项。获国家体育运动荣誉奖章。2次获广西三八红旗手称号。获自治区人民政府记三等功1次。

曾昭仪　张红武

曾昭仪，籍贯广西柳州。国际级运动健将；张红武，籍贯广西河池。运动健将。1989年代表中国队参加在阿根廷科尔多瓦举行的第24届世界自由飞模型锦标赛获F1B橡筋模型飞机单项团体冠军。曾昭仪曾获全运会亚军1项。张红武曾获全国冠军1项。双双荣获国家体育运动荣誉奖章。
曾昭仪(左一)、张红武(右一)

梁 军

籍贯广西百色。国际级运动健将。1989年参加在前西德举行的第3届世界运动会获蹼泳男子100米器泳金牌。成为广西第一位蹼泳世界冠军。曾9次获亚洲冠军，获29个全国冠军(含全运会冠军1项)，破世界纪录1次。2次获国家体育运动荣誉奖章。获自治区人民政府记一等功1次。

张载荣

籍贯广西浦北。国际级运动健将。1990年参加在匈牙利布达佩斯举行的第63届世界举重锦标赛获男子52公斤级抓举冠军。1991年在德国获第64届世界举重锦标赛男子52公斤级抓举冠军，并打破该级别抓举世界纪录。曾6次获全国冠军。获国家体育运动荣誉奖章。获自治区人民政府记一等功1次。

谢超杰

籍贯广西南宁。国际级运动健将。1991年参加在西班牙巴塞罗那举行的第2届世界杯乒乓球团体赛，与队友获得男子团体冠军。先后获亚洲冠军3项。1991年获国家体育运动荣誉奖章。1993年当选第七届全国人大代表。

田玉梅 肖业华

田玉梅，籍贯广西玉林；肖业华，籍贯广西大化。均为国际级运动健将。1992年在古巴获第6届世界杯田径比赛女子4×100米接力冠军。双双成为广西第1项田径世界冠军获得者。1983～1993年，田玉梅连续获第5届、6届、7届全运会与第10届、11届亚运会田径比赛女子4×100米接力冠军；获第11届亚运会田径女子100米冠军；先后获全国冠军17个；打破亚洲、全国田径纪录各7次、14次。获国家体育运动荣誉奖章与全国三八红旗手、自治区劳动模范称号。肖业华先后获第9届、11届亚运锦标赛与第7届全运会田径女子4×100米接力冠军。共获全国冠军9个。打破亚洲、全国田径纪录各2次、4次。获国家体育运动荣誉奖章和全国三八红旗手、自治区劳动模范称号。
田玉梅(左一)、肖业华(右一)

吴文凯

壮族。籍贯广西南宁。国际级运动健将。1990年参加在印度尼西亚雅加达举行的第10届世界杯羽毛球赛获男子单打冠军。同年作为中国队主力队员参加日本东京第16届汤姆斯杯羽毛球赛获男子团体冠军。先后获亚洲（含亚运会）冠军2次，全国冠军3次。获国家体育运动荣誉奖章。当选中国共产主义青年团第十三届全国代表大会代表。退役后创办南宁文凯剑华羽毛球运动学校。

余晓玲

籍贯广西柳州。国际级运动健将。1989～1993年，与队友合作，获第6届、7届、8届世界杯跳水比赛女子团体、混合团体冠军；获第11届亚运会跳水比赛女子团体冠军。个人获第7届世界杯跳水比赛女子1米板冠军。2次获国家体育运动荣誉奖章，1991年获全国跳水十佳运动员称号。

胡 宁

籍贯广东东莞。国际级运动健将。与队友合作，1992年在马来西亚吉隆坡获第14届尤伯杯羽毛球赛女子团体冠军。先后获东亚运动会、全国城市运动会、全国锦标赛羽毛球女子团体冠军各1次。

熊春玲　张 瑕

熊春玲，籍贯广西桂林；张 瑕，籍贯广西南宁。运动健将。1993年参加在保加利亚索非亚举行的第10届技巧世界杯比赛获女子双人第一套冠军。两人合作获全国技巧锦标赛女子双人第二套冠军。分别获得国家体育运动荣誉奖章。
熊春玲（左一）、张 瑕（右一）

杨 斌

籍贯广西田东。国际级运动健将。1993年参加在澳大利亚墨尔本举行的第65届世界举重锦标赛、1997年参加在泰国清迈举行的第68届世界举重锦标赛，获男子54公斤级抓举冠军。获第7届全运会男子举重54公斤级总成绩冠军。获国家体育运动荣誉奖章和自治区劳动模范称号。

陈 虹

籍贯广西桂林。国际级运动健将。1994年参加在广东东莞举行的第7届世界蹼泳锦标赛与队友合作获女子团体冠军。1992年获第3届亚洲蹼泳锦标赛女子400米器泳、4×100米蹼泳接力冠军。获国家体育运动荣誉奖章和广西三八红旗手称号。

李 勇

籍贯广西百色。国际级运动健将。1994—2000年间获世界冠军10项；与队友合作，获第7届世界蹼泳锦标赛男子团体与男子4×100蹼泳接力、2000年世界杯蹼泳比赛男子4×50米蹼泳接力共3项冠军；个人获第8届世界蹼泳锦标赛男子50米蹼泳、第5届世界运动会男子100米器泳和第9届世界锦标赛男子50米屏气潜泳、50米蹼泳、100米器泳，以及2000年世界杯蹼泳比赛男子50米屏气潜泳，100米器泳共7项冠军。先后获亚洲冠军10项，全国冠军33项（含全运会冠军1项、全国体育大会冠军2项）。获国家体育运动荣誉奖章与自治区劳动模范称号。获自治区人民政府记一等功。

吴艳艳

壮族。籍贯广西南宁。国际级运动健将。1998年参加在澳大利亚珀斯举行的第8届世界游泳锦标赛获女子200米个人混合泳冠军，成为广西首位游泳世界冠军。先后获亚运会冠军1项、驱锦赛冠军2项、全国冠军15项（其中在第8届全运会上获女子200米个人混合泳冠军并打破该项目世界纪录）。获全国三八红旗手称号，2次获国家体育运动荣誉奖章，2次获广西劳动模范称号。出席第八届全国妇女代表大会。当选共青团十四届中央委员、广西政协第八届、第九届委员。

谈舒萍

籍贯广西梧州。国际级运动健将。1993—1997年，与队友合作获第8届、9届、10届世界杯跳水比赛女子团体，混合团体冠军共6项。个人获第8届世界杯跳水比赛女子1米、3米跳板冠军、第7届世界游泳锦标赛跳水比赛女子3米跳板冠军。获亚运会跳水比赛金牌1枚、全运会跳水比赛金牌3枚。3次获国家体育运动荣誉奖章。1994年获全国十佳运动员称号。1995年获全国先进工作者称号。

唐伟民　阳向斌

唐伟民，籍贯广西灌阳；阳向斌，籍贯广西桂林。均为国际级运动健将。1994年在广东东莞第7届世界蹼泳锦标赛上，两人是男子团体冠军成员，唐伟民还与队友合作获男子4×100米蹼泳接力冠军。此外，唐伟民先后获全国冠军5项（含全运会冠军1项），获国家体育运动荣誉奖章。阳向斌先后获全国冠军13项（含全运会冠军1项），多次获国家体育运动荣誉奖章。
唐伟民（左一）、阳向斌（右一）

蓝世章

侗族。籍贯广西三江。国际级运动健将。1997年参加在泰国清迈举行的第68届世界举重锦标赛，获男子54公斤级挺举和总成绩冠军，并打破该级别挺举世界纪录。1998年在匈牙利获第17届举重世界杯比赛男子56公斤级总成绩冠军，并打破该级别挺举世界纪录。先后获亚运会冠军2次、全运会冠军1次（同时打破男子56公斤级挺举全国、世界纪录）。2次获国家体育运动荣誉奖章。3次获自治区劳动模范称号。

黄春妮

籍贯广西南宁。武英级运动员。1999年参加在香港举行的第5届世界武术锦标赛获女子南刀冠军，成为广西第1位武术世界冠军。获第5届亚洲武术锦标赛女子南拳、第11届亚运会武术女子南拳、南刀、南棍全能冠军。先后4次获全国冠军（含全运会冠军1项）。2次获自治区劳动模范称号，获自治区人民政府记一等功1次。

魏 鹤·刘 霞·王 聪

魏 鹤，籍贯广西桂林；刘 霞，籍贯广西南宁；王聪，籍贯广西柳州。均为国际级运动健将。1999年参加在比利时举行的第16世界技巧锦标赛获女子三人第二套冠军。1998—2000年三人合作先后获亚洲冠军2次、全国冠军9次。分别获得国家体育运动荣誉奖章。
魏 鹤(右一)、刘 霞(中)、王 聪(左一)

陈 郁

籍贯广西玉林。国际级运动健将。2004年在印度尼西亚雅加达与队友合作获第23届汤姆斯杯世界羽毛球男子团体赛冠军。2007年获世界羽毛球锦标赛男子单打第3名。曾3次获全国羽毛球锦标赛男子单打冠军。获国家体育运动荣誉奖章。

陈 杨

籍贯广西桂平。国际级运动健将。2005年参加在荷兰埃因霍温举行的第24届世界蹦床锦标赛，与队友合作获男子单跳团体冠军；个人获男子单跳个人全能亚军。曾获全国冠军1项(团体)、季军2项。获国家体育运动荣誉奖章。

丘 乐

籍贯广西贵港。国际级运动健将。2005年参加在卡塔尔多哈举行的第74届世界举重锦标赛获男子62公斤级挺举和总成绩2项冠军。2006年在多米尼加第75届世界举重锦标赛获男子62公斤级抓举、挺举和总成绩3项冠军。先后获亚洲(含亚运会)冠军4项、全国冠军10项(含全运会冠军1项)。2次获国家体育运动荣誉奖章，获自治区劳动模范称号。

蒋新初

籍贯广西桂林。2008年参加在莫斯科举行的第3届蹼泳世界杯总决赛，与队友合作获男子4×100米蹼泳接力冠军。曾获第10届亚洲蹼泳锦标赛男子100米蹼泳、200米蹼泳、4×100米蹼泳接力金牌。

阳玉琼

籍贯广西灵川。国际级运动健将。2002年参加在希腊举行的第11届世界蹼泳锦标赛获女子50米蹼泳，4×100米蹼泳接力冠军。2004年在上海第12届世界蹼泳锦标赛获女子5o米蹼泳金牌。2006年与队友合作获意大利都灵第13届世界蹼泳锦标赛女子4×100米蹼泳接力冠军。先后获亚洲冠军6次、全国冠军10次、5次打破世界纪录。3次获国家体育运动荣誉奖章，分别获得全国体育先进工作者，全国体育系统先进个人称号。

钟洁瑕

籍贯广西玉林。国际级运动健将。与队友合作，2004年参加在上海举行的第12届世界蹼泳锦标赛获女子4×200米蹼泳接力冠军；2008年在莫斯科第3届蹼泳世界杯总决赛获女子4×100米蹼泳接力金牌。先后6次获亚洲冠军、5次获全国冠军。获国家体育运动荣誉奖章。

李　争

壮族。籍贯广西象州。国际级运动健将。2005年参加在卡塔尔多哈举行的第74届世界举重锦标赛获男子56公斤级抓举冠军。2006年在多米尼加第75届世界举重锦标赛获男子56公斤级抓举、总成绩2项冠军。2007年在泰国获第76届世界举重锦标赛男子56公斤级抓举冠军。获第15届亚运会男子举重56公斤级总成绩冠军。曾7次获全国冠军。获国家体育运动荣誉奖章和自治区劳动模范称号。

岑金龙

壮族。籍贯广西田东。国际级运动健将。2000年参加在莫斯科举行的第3届蹼泳世界杯总决赛获男子100米器泳冠军，并与队友合作获男子4×100米蹼泳接力金牌。先后获亚洲冠军6项、全国冠军11项（含全国体育大会冠军1项）。获国家体育运动荣誉奖章。

梁耀月

籍贯广西南宁。2008年参加在莫斯科举行的第3届蹼泳世界杯总决赛，与队友合作获女子4×100米蹼泳接力冠军。曾获第10届亚洲蹼泳锦标赛、第2届亚洲室内运动会女子4×100米蹼泳接力金牌。

亚运会冠军榜

黄统生

籍贯广西容县。运动健将。与队友合作，1978年参加在马来西亚吉隆坡举行的第4届亚洲乒乓球锦标赛获男子团体冠军，同年获曼谷第8届亚运会乒乓球男子团体、双打冠军。1981年成为国家队主力陪练，模仿外国选手打法。为中国队获第36届世锦赛全部7项冠军作出贡献，被誉为"无名英雄"。获国家体育运动荣誉奖章。

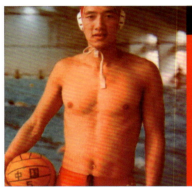

邓 军

壮族。籍贯广西东兴。运动健将。先后入选中国队参加第9届、10届、11届亚运会，代表广西队参加第3届、4届、5届全运会水球比赛，均获男子水球冠军。获全国新长征突击手称号，获自治区人民政府记二等功1次。

胡卫东 邓善军

胡卫东，籍贯天津；邓善军，籍贯广西来宾。均为运动健将。1982年共同入选中国队参加在印度新德里举行的第9届亚运会，获男子手球冠军。
胡卫东（右一）、邓善军（左一）

潘卫新

籍贯广西合浦。运动健将。1986年参加在韩国汉城举行的第10届亚运会田径比赛，与队友合作获女子4×100米接力冠军。与队友合作获第6届、7届亚洲田径锦标赛与第5届、6届全运会女子4×100米接力冠军。曾6次获全国田径锦标赛、冠军赛冠军。与队友合作打破女子4×100米接力亚洲纪录3次，全国纪录9次。曾2次获得全国优秀田径运动员。获得广西三八红旗手、广西先进共青团员称号。

李鉴明　张华光　廖一平　彭百凌

李鉴明，籍贯广西梧州；张华光，籍贯广西东兴；廖一平，籍贯广西玉林；彭百凌，籍贯广西靖西。均为运动健将。共同参加1978年在泰国曼谷举行的第8届亚运会，获男子水球冠军。此外，李鉴明曾获第9届亚运会和第3届、4届、5届全运会男子水球冠军，获国家体育运动荣誉奖章。张华光、廖一平曾获第3届、4届、5届全运会男子水球冠军。彭百凌曾获第3届、4届全运会男子水球冠军。
李鉴明(后排左一)、张华光(后排左五)、廖一平(前排左二)、彭百凌(前排左四)

黄国华　黄广良

黄国华，籍贯广西南宁；黄广良，籍贯广西防城港。均为运动健将。1982年双双代表中国队参加在印度新德里举行的第9届亚运会，获游泳男子4×100米自由泳接力冠军。1981—1983年间，黄国华5次打破全国纪录，与队友创男子4×100米自由泳接力亚洲最好成绩。1979—1983年间，黄广良10次打破全国纪录，2次与队友创男子4×100米自由泳接力亚洲最好成绩。
黄国华(左)、黄广良(右)

覃奇志

籍贯广西柳州。运动健将。1986年参加在韩国汉城举行的第10届亚运会，获体操女子团体冠军。曾获第24届奥运会体操女子团体第6名，先后3次获全国体操冠军。

黄　龙　林　军

黄　龙，籍贯广西钦州；林　军，籍贯海南海口。均为运动健将。共同入选中国队参加1986年在韩国汉城举行的第10届亚运会，获男子水球冠军。黄龙参加第11届亚运会和第3届、4届亚洲水球锦标赛以及第5届全运会水球比赛，均获金牌。2次获自治区新长征突击手称号。林军参加第11届亚运会和第5届全运会水球比赛，均获金牌。2次获自治区新长征突击手称号，获自治区人民政府记三等功1次。
黄　龙(左一)、林　军(右一)

郑 勇

籍贯广西北流。运动健将。1990年入选中国队参加在北京举行的第11届亚运会水球比赛，获男子水球冠军。获自治区新长征突击手称号。

杨丽娜　覃彩妮

杨丽娜，籍贯台湾；覃彩妮，壮族。籍贯广西隆安。均为国际级运动健将。1998年双双入选中国队参加在泰国曼谷举行的第13届亚洲运动会，获女子4×200米自由泳接力冠军。此外，杨丽娜曾获世界杯短池游泳系列赛（香港站）女子200米自由泳冠军。覃彩妮曾获亚洲、全国冠军各3项。两人均获广西劳动模范称号。分别获自治区人民政府记1等功1次。
杨丽娜（左一）、覃彩妮（右一）

黄绍华

籍贯广西博白。国际级运动健将。2002年代表中国队参加在韩国釜山举行的第14届亚运会，与队友合作获男子4×100米自由泳接力冠军。并打破该项目亚洲纪录。曾获亚洲锦标赛金牌1枚、东亚运动会金牌3枚。获广西劳动模范称号。获自治区人民政府记一等功3次。

黄 梅

壮族。籍贯广西百色。国际级运动健将。2002年参加在韩国釜山举行的第14届亚运会田径比赛，与队友合作获女子4×100米接力冠军。曾与队友合作获第7届全运会田径女子4×100米接力冠军并打破该项目亚洲纪录。2次获全国田径锦标赛冠军。获自治区劳动模范称号。获自治区人民政府记一等功1次。
黄 梅（右）

朱敏鸿

籍贯广西柳州。国际级运动健将。2002年参加在韩国釜山举行的第14届亚运会艺术体操比赛，与队友合作获个人团体冠军。1996－2003年先后5次获全国艺术体操冠军。

欧燕兰

籍贯广西桂平。运动健将。1994年参加在日本广岛举行的
第12届亚运会田径比赛，与队友合作获女子4×100米接力
冠军。1994—1997年间6次获全国田径冠军(含全运会冠军
1个)，打破亚洲、全国纪录各1次。获自治区劳动模范称
号。获自治区人民政府记一等功1次。

严剑葵

籍贯广西苍梧。国际级运动健将。与队友合作于1998年参
加在泰国曼谷举行的第13届亚运会和2002年在韩国釜山举
行的14届亚运会，均获田径女子4×100米接力冠军。曾获
亚洲田径锦标赛、东亚运动会、全国比赛冠军各2项。获
自治区劳动模范称号。获自治区人民政府记一等功1次。

黄秋艳

壮族。籍贯广西百色。国际级运动健将。2002年参加在韩
国釜山举行的第14届亚运会获田径女子三级跳远冠军。曾
获2002年国际田径黄金联赛、第4届东亚运动会和第8届、
9届、10届全运会女子三级跳远冠军。2001—2005年间曾
8次获得年度全国田径比赛冠军，并打破女子三级跳远亚
洲、全国纪录和亚洲、全国室内纪录。获自治区劳动模范
称号。获自治区人民政府记一等功1次。

钟　玲

籍贯广西柳州。国际级运动健将。2002年参加在韩国釜山
举行的第14届亚运会获艺术体操个人全能冠军、个人团体
冠军《与队友合作》，曾获第2届亚洲艺术体操锦标赛球
操、个人团体冠军。1996—2005年间，先后35次获全国艺
术体操冠军(含全运会冠军1项)。其独创的"钟玲跳"、
"钟玲柔韧"、"钟玲转体"3个技术动作于2001年得到
国际艺术体操技术委员会的承认，并被列为《2005—
2008年国际艺术体操评分规则》中的难度动作。

韩　玲

籍贯广西博白。运动健将。2005年参加在卡塔尔多哈举行
的第15届亚运会田径比赛，与队友合作获女子4×100米接
力冠军。曾2次获全国田径比赛女子200米冠军。获自治区
劳动模范称号。获自治区人民政府记一等功1次。

全运会冠军榜

王维俭

籍贯广西桂林。运动健将。1965年参加在北京举行的第2届全运会获体操女子个人全能、自由体操、跳马、高低杠冠军。1963年在第1届新兴力量运动会上获体操女子个人全能、自由体操、平衡木、跳马金牌，被誉为"人民中国的杰出表演者"。1966年在第1届亚洲新兴力量运动会上获体操女子个人全能、自由体操、跳马、平衡木、高低杠冠军与女子团体冠军。1963-1971年先后13次获全国体操冠军。曾当选第四届全国人大代表。

何贤礼

籍贯广西浦北。运动健将。1965年参加在北京举行的第2届全运会飞机跳伞比赛，获男子2000米个人特技跳伞和个人总分2项冠军。曾打破跳伞世界纪录2次、全国纪录1次。获体育运动荣誉奖章。

何贤礼(左二)

韦 萍

壮族。籍贯广西南宁。1975年参加在北京举行的第3届全运会游泳比赛，获女子200米蝶泳冠军。先后5次获全国冠军，5次打破全国纪录。1986年被国家游泳协会授予全国优秀游泳工作者称号。

李卓敏

籍贯广西上林。1975年参加在北京举行的第3届全运会乒乓球比赛，与梁戈亮合作获男子双打冠军。曾获第33届世界乒乓球锦标赛男子双打、混合双打第5名，全国乒乓球锦标赛男子双打冠军。

李卓敏(左)

林日坤

籍贯广西南宁。运动健将。1965年参加在北京举行的第2届全运会游泳比赛，获男子200米蝶泳冠军，为广西夺得第1枚全运会游泳金牌。曾入选中国队参加第1届亚洲新兴力量运动会获男子100米蝶泳、200米蝶泳、400米个人混合泳3项亚军。1985年获国家体委授予新中国体育开拓者称号。

黄洁芝

籍贯广西蒙山。运动健将。1965年参加在北京举行的第2届全运会飞机跳伞比赛，获女子1000米个人定点跳伞冠军，并打破该项目全国纪录。曾3次打破跳伞全国纪录，其中1次超世界纪录。获新中国体育开拓者荣誉称号。

肖明祥

籍贯广西临桂。运动健将。1975年参加在北京举行的第3届全运会获举重男子最轻量级总成绩冠军。1965—1966年曾5破1平举重世界纪录，是广西第1位打破举重世界纪录的运动员。曾2次获国家体育运动荣誉奖章。获自治区人民政府记特等功、一等功、二等功、三等功各1次。

冯振仁

籍贯广西贵港。1975年参加在北京举行的第3届全运会获田径男子100米、200米、4×100米接力冠军；1979年参加在北京举行的第4届全运会获田径男子4×100米接力冠军。退役后执教广西田径队获国家体育运动荣誉奖章与自治区劳动模范称号，经国务院批准享受政府特殊津贴。

冯振仁　冯志华　李汉祥　黄　健

冯振仁，籍贯广西贵港；冯志华，籍贯浙江余姚；李汉祥，籍贯广西昭平；黄　健，籍贯广西桂林。1975年参加在北京举行的第3届全运会田径比赛，获男子4×100米接力冠军。冯志华退役后执教广西田径队，获自治区劳动模范称号，获自治区人民政府记一等功1次。
李汉祥(左一)、冯振仁(左二)、黄　健(左三)、冯志华(左四)

梁新民　何炳林　李锦坤　黄志强　隆明童　何建国

梁新民，籍贯黑龙江兰西；何炳林，籍贯广西梧州；李锦坤，籍贯广西梧州；黄志强，籍贯广西北海；隆明童，籍贯广西平果；何建国，籍贯湖南宁乡。运动健将。共同参加1975年在北京举行的第3届全运会水球比赛，获得广西男子水球项目第1个全运会冠军。此外，李锦坤参加第7届亚运会水球比赛获银牌。黄志强、何建国参加第4届全运会水球比赛获金牌。
梁新民(前左一)、何炳林(前左四)、李锦坤(前左六)、黄志强(后左一)、隆明童(后左二)、何建国(后左五)

潘伟湘　曾国清

潘伟湘、曾国清，籍贯均为广西南宁，均为运动健将。1975年参加在北京举行的第3届全运会获技巧男子双人全能、团体总分冠军。潘伟湘曾6次，曾国清曾7次获得全国技巧冠军。
潘伟湘(二排左一)、曾国清(三排左三)

霍次军　余建军

霍次军，籍贯广西藤县；余建军，籍贯广西藤县，运动健将。1975年参加在北京举行的第3届全运会获技巧男女混合双人全能、团体总分冠军。1977年获全国技巧比赛团体冠军。
霍次军(左后)、余建军(右)

高艳清

籍贯广西百色。1975年参加在北京举行的第3届全运会获田径女子400米冠军。1979年参加在北京举行的第4届全运会与队友合作获田径女子4×400米接力冠军。曾9次获全国田径冠军。1次打破田径亚洲纪录、4次打破全国纪录。退役后执教广西田径队，获自治区劳动模范称号。获自治区人民政府记一等功1次。

陈旭红　潘汉光　郭　菲　苏　菲　苏荣舟　吴穗花　曾铁明　张洁美　刘洁霞

陈旭红，籍贯广西南宁；潘汉光，籍贯广西梧州；郭　菲，籍贯广西桂林；苏　菲，籍贯广西南宁；苏荣舟，籍贯广西南宁；吴穗花，籍贯广西桂林；曾铁明，籍贯广西南宁；张洁美，籍贯广西梧州；刘洁霞，籍贯广西梧州。共同参加1975年在北京举行的第3届全运会获武术集体双头枪团体冠军。此外，陈旭红曾获全国武术比赛女子规定棍术、自选剑术冠军，退役后执教广西武术队获自治区人民政府记一等功，并两次获自治区劳动模范称号。潘汉光退役后执教广西武术队获自治区人民政府记二等功。苏菲曾获全国武术比赛男子枪术冠军。吴穗花曾获全国武术比赛女子太极拳冠军。

彭百南　林远向　李永辉　梁建坤

彭百南，壮族，籍贯广西邕宁；林远向，籍贯广西梧州，；运动健将；李永辉，籍贯广西桂平，运动健将；梁建坤，籍贯广西南宁，运动健将。1975年参加在北京举行的第3届全运会获技巧男子四人全能冠军、团体总分冠军。此外，彭百南曾2次、李永辉曾7次获得全国技巧冠军。1981年林远向、梁建坤与何继东、陈铁合作获技巧世界冠军。

(下起)彭百南、林远向、梁建坤、李永辉

周鹤仪　黄桂兰　覃坤明

周鹤仪，籍贯广西柳州；黄桂兰，籍贯广西桂林，运动健将；覃坤明，籍贯广西藤县，运动健将。1975年参加在北京举行的第3届全运会技巧比赛，与队友获团体总分冠军。此外，黄桂兰曾获第5届世界技巧锦标赛女子三人全能亚军和单套第一套、第二套第3名，先后8次获全国技巧冠军。覃坤明曾3次与队友合作获全国比赛团体冠军．退役后执教广西蹦床队获国家体育运动荣誉奖章。

周鹤仪(前排左一)、黄桂兰(前排左二)、覃坤明(三排左七)

宋贤志

回族。籍贯广西桂林。运动健将。1979年参加在北京举行的第4届全运会获田径男子400米冠军并打破该项目全国纪录，与队友合作获4×400米接力冠军并打破该项目全国纪录。曾3次获年度全国田径比赛冠军。获自治区人民政府记二等功、三等功各1次。

黄　园

壮族。籍贯广西宁明。运动健将。1979年参加在北京举行的第4届全运会田径比赛，获男子400米栏冠军，并与队友合作获4×400米接力冠军且打破该项目全国纪录。曾获全国田径冠军赛男子400米栏冠军，并2次打破该项目全国纪录。获全国新长征突击手称号。

孔庆云　高艳清　陈小丽　黄伟婵

孔庆云，籍贯广西南宁；高艳清，籍贯广西百色；陈小丽，籍贯广西梧州，运动健将；黄伟婵，籍贯广西梧州，运动健将。1979年参加在北京举行的第4届全运会田径比赛，获女子4×400米接力冠军，并打破该项目全国纪录。孔庆云（左一）、高艳清（左二）、陈小丽（左三）、黄伟婵（左四）

余建军　骆丽虹

余建军，籍贯广西藤县，运动健将；骆丽虹，籍贯广西柳州，运动健将。1979年参加在北京举行的第4届全运会获技巧男女混合双人全能冠军。两人合作曾获第4届世界技巧锦标赛混双全能、单套第一套铜牌及第3届技巧世界杯赛混双全能、单套第一套、第二套铜牌。先后17次获全国技巧冠军。
余建军（下）、骆丽红（上）

冯志华　李甲强　冯振仁　周珑生

冯志华，籍贯浙江余姚；李甲强，籍贯广西玉林；冯振仁，籍贯广西贵港；周珑生，籍贯广西南宁。1979年参加在北京举行的第4届全运会田径比赛，获男子4×100米接力冠军。
冯志华(左一)、李甲强(左二)、冯振仁(左三)、周珑生(左四)

龙文富　罗良生　宋贤志　黄　园

龙文富，籍贯广西合浦；罗良生，壮族，籍贯广西凭祥；宋贤志，回族，籍贯广西桂林，运动健将；黄　园，壮族，籍贯广西宁明，运动健将。1979年参加在北京举行的第4届全运会田径比赛，获男子4×400米接力冠军，并打破该项目全国纪录。龙文富曾打破男子400米全国纪录，退役后执教广西田径队获自治区先进工作者称号，获自治区人民政府记一等功1次。
龙文富(左一)、罗良生(左二)、宋贤志(左三)、黄　园(左四)

汪　波　黄穗明　邵湘林　张超英

汪　波，籍贯广西富川；黄穗明，籍贯广西陆川，运动健将；邵湘林，籍贯辽宁彰武；张超英，籍贯湖南长沙，运动健将。1979年共同参加在广东新会举行的第4届全运会水球比赛，获男子水球冠军。此外，黄穗明、张超英参加第5届全运会水球比赛获冠军。
汪　波(左一)、黄穗明(左二)、邵湘林(左三)、张超英(左四)

黄卫东

籍贯广西百色。运动健将。1979年参加在北京举行的第4届全运会游泳比赛，获男子200米、400米自由泳和4×200米自由泳接力3项冠军。1975—1981年间共获全国冠军16项，29次打破全国纪录，是广西打破全国纪录最多的运动员。获广西劳动模范称号，获自治区人民政府记一等功1次。

黄卫东　樊柳可　磨建军　黄广良

黄卫东，籍贯广西百色，运动健将；樊柳可，籍贯广西柳州；磨建军，籍贯广西凌云；黄广良，籍贯广西防城港，运动健将。1979年共同参加在北京举行的第4届全运会游泳比赛，获男子4×200米自由泳冠军。
黄卫东（左一）、樊柳可（左二）、磨建军（左三）、黄广良（左四）

曹利灵　黄佩兰　潘卫新　田玉梅

曹利灵，籍贯广西钟山，运动健将；黄佩兰，籍贯广西梧州；潘卫新，籍贯广西合浦，运动健将；田玉梅，籍贯广西玉林，国际级运动健将。先后获第5届全运会（1983年，上海）、第6届全运会（1987年，广州）田径女子4×100米接力冠军。曹利灵曾3次获年度全国田径比赛冠军，分别打破田径亚洲纪录1次、全国纪录4次；先后获自治区人民政府记一等功1次、二等功3次、三等功1次，获广西三八红旗手称号，3次评为全国优秀田径选手。黄佩兰曾获全国田径比赛女子100米冠军；获广西三八红旗手称号；被评为全国优秀田径选手。
曹利灵（左一）、黄佩兰（左二）、潘卫新（左三）、田玉梅（左四）

陆建国　文　光　文　凡　林　彬　梁戈敏

陆建国，籍贯广西灌阳；文　光，籍贯辽宁沈阳；文　凡，籍贯辽宁沈阳；林　彬，籍贯广东汕头；梁戈敏，籍贯广西容县。均为运动健将。1983年共同参加在上海举行的第5届全运会获男子水球冠军，实现广西男子水球队全运会"三连冠"。文　凡曾入选中国队参加第3届亚洲游泳锦标赛男子水球比赛获冠军，获广西新长征突击手称号，获自治区人民政府记一等功1次。
陆建国（三排左三）、文　光（三排左五）、文　凡（三排右二）、林　彬（前排左二）、梁戈敏（前排左五）

谭顺天

籍贯广西平乐。国际级运动健将。1987年参加在广州举行的第6届全运会获无线电测向男子2米波段冠军。1984—1989年间获年度全国无线电测向比赛金牌7枚。获自治区人民政府记一等功1次。当选自治区政协第六、七届委员。

谭汉永

籍贯广西桂平。运动健将。1979年参加在北京举行的第4届全运会获举重男子60公斤级抓举、总成绩2项冠军。曾获第32届世界举重锦标赛男子60公斤级抓举第3名、第13届亚洲举重锦标赛抓举、总成绩冠军。先后打破3项举重亚洲纪录。退役后执教广西举重队。1978-2006年间5次获国家体育运动荣誉奖章。获自治区劳动模范，自治区先进工作者称号。经国务院批准享受政府特殊津贴。

何润华

籍贯广西邕宁。运动健将。1983年参加在上海举行的第5届全运会游泳比赛，获男子1500米自由泳冠军。曾5次获全国游泳冠军，5次打破全国纪录。其中1984年创男子1500米自由泳亚洲最好成绩，是中国第1位突破男子1500米自由泳16分大关的运动员。

明桂秀　许叶梅　吴文莉　姜　薇　贺小荣

明桂秀，籍贯广西桂林；许叶梅，籍贯广西柳州；吴文莉，籍贯广西桂林；姜　薇，籍贯广西柳州；贺小荣，籍贯广西桂林。均为运动健将。1983年共同参加在上海举行的第5届全运会获体操女子团体冠军。明桂秀曾获第23届奥运会体操女子团体铜牌，先后8次获全国体操冠军。许叶梅、姜薇曾6次获全国体操冠军。吴文莉曾5次获全国体操冠军。
明桂秀(左二)、许叶梅(左三)、吴文莉(左五)、姜　薇(左六)、贺小荣(左七)

庞海萍

籍贯广西北海。国际级运动健将。1997年参加在上海举行的第8届全运会帆板比赛，获女子米氏板奥林匹克航线赛冠军。1998-1999年间获全国帆板冠军4项。获广西五一劳动奖章和广西三八红旗手称号。获自治区人民政府记一等功1次。

李玲玲

籍贯广西兴安。运动健将。先后获第8届全运会(1997年，上海)、第9届全运会(2001年，广州)柔道女子48公斤级冠军。获自治区劳动模范、广西三八红旗手称号。获自治区人民政府记一等功2次。

李征宇

籍贯广西桂林。国际级运动健将。1997年参加在上海举行的第8届全运会获自由式摔跤男子52公斤级冠军。曾获第28届奥运会自由式摔跤男子55公斤级第5名。先后10次获全国冠军。获自治区人民政府记一等功、二等功、三等功各1次。
李征宇(上)

余 睿

籍贯贵州铜仁。国际级运动健将。2001年参加在广州举行的第9届全运会游泳比赛，获男子200米仰泳冠军。曾获东亚运动会冠军1项、全国游泳锦标赛冠军6项。获自治区劳动模范称号。获自治区人民政府记一等功1次。

龚 伟 林 伟 文 军 杨光明

龚　伟，籍贯广西玉林，国际级运动健将；林伟，籍贯福建。国际级运动健将；文　军，籍贯广西桂林；杨光明，籍贯广西宾阳。2001年参加在广州举行的第9届全运会田径比赛，获男子4×100米接力冠军。林伟曾4次获田径亚洲冠军，获自治区劳动模范称号，获自治区人民政府记一等功1次。文军获自治区劳动模范称号，获自治区人民政府记一等功1次。杨光明还与队友合作获第10届全运会田径冠军，2次获全国田径比赛接力冠军；2次获自治区劳动模范称号，先后获自治区人民政府记一等功2次。
龚　伟(左上)、林　伟(右上)、文　军(左下)、杨光明(右下)

周贤德

籍贯广西崇左。运动健将。2005年参加在南京举行的第10届全运会获自由式摔跤男子60公斤级冠军。曾2次获年度全国比赛冠军。获广西五一劳动奖章和自治区劳动模范称号。获自治区人民政府记三等功1次。
周贤德(中)

易善军

籍贯广西钟山。国际级运动健将。先后获第8届全运会（1997年，上海）古典式摔跤62公斤级冠军与第10届全运会（2005年，南京）古典式摔跤66公斤级冠军。曾在亚运会、亚洲摔跤锦标赛、东亚运动会古典跤比赛中获铜牌4枚。获自治区人民政府记一等功2次、二等功1次。获自治区劳动模范称号。

黄永和

籍贯广西百色。运动健将。1997年参加在上海举行的第8届全运会获射箭男子个人淘汰赛决赛金牌。2001年与队友合作获第10届全运会射箭男子团体淘汰赛决赛银牌。获自治区劳动模范称号。获自治区人民政府记一等功1次、二等功1次。

黄忠胜

籍贯广西巴马。运动健将。2001年参加在广州举行的第9届全运会获射箭男子个人淘汰赛决赛金牌，并与队友合作获团体淘汰赛决赛银牌。2005年获第10届全运会射箭男子个人淘汰赛决赛银牌。1990~2005年间在全国射箭比赛中获金牌3枚。获自治区劳动模范称号。2次获自治区人民政府记一等功。

龚 伟

祖籍广西玉林。国际级运动健将。与队友合作先后获第9届全运会（2001年，广州）、第10届全运会（2005年，南京）田径男子4×100米接力冠军。个人获第10届全运会田径男子100米冠军。2006年获亚洲室内田径锦标赛男子60米冠军。曾与队友合作获年度全国田径比赛接力冠军。2次获自治区劳动模范称号。获自治区人民政府记一等功2次、二等功1次。当选广西青年联合会第八届委员。

龚 伟 张 园 庞桂斌 杨光明

龚 伟，籍贯广西玉林，国际级运动健将；张 园，籍贯辽宁，运动健将；庞桂斌，籍贯广西合浦，运动健将；杨光明，籍贯广西合浦，运动健将。2005年参加在南京举行的第10届全运会田径比赛，获男子4×100米接力冠军。庞桂斌曾与队友2次获年度全国田径比赛接力冠军；获自治区劳动模范称号，获自治区人民政府记一等功1次。张园曾与队友2次获亚洲田径大奖赛、1次获全国田径比赛接力冠军；获自治区劳动模范称号，获自治区人民政府记一等功1次。

龚 伟（左一）、张 园（左二）、庞桂斌（左三）、杨光明（左四）

国家体育运动荣誉奖章 国家体育荣誉奖章。国家体育运动委员会(今国家体育总局)1959年起颁发。授予打破世界纪录、获得世界冠军和为国家体育事业作出重大贡献的运动员、教练员和其他人员。首次颁发是在1959年中华人民共和国第I届运动会闭幕式上。1965—2002年，广西共有94人次获国家体育运动荣誉奖章。见下表。

国家体育运动荣誉奖章

国家体育运动荣誉奖章获得者名录

获奖时间	获得者
1965年	肖明祥、谭炳贡、杜昆明、何贤礼(2次)、陶德荣
1978年	梁戈亮(2次)、肖明祥、李鉴明、谭汉永
1979年	吴数德(2次)、扬因荣(2次)、梁戈亮
1981年	谢赛克、黄统生、何继东、林远向、巢建坤、陈铁、 印武(女)、曾建华(女)、许宗强、卢声兰(女)、吴数德、杨固荣、伍清伟
1983年	李宁、渠建坤、陈铁、何继东、许宗强、卢声兰(女)、吴数德、杨国荣、梁文杰
1984年	李宁(2次)、谢赛克、吴数德、李孔政
1985年	李宁、谢赛克、李孔政、周耀东
1986年	李宁
1987年	周耀东
1988年	韦晴光、黎海心(女)、阮雄坚
1989年	余晓玲(女)、侯卿(女)、颜伟霞(女)、莫雪琼(女)、曾昭仪、张红武、卢声兰(女)、莫树英(女)、周耀东
1990年	张载荣、吴文凯、黄华(女)、梁军、邓裕民、卢永德
1991年	余晓玲(女)、张载荣、黄华(女)、谢超杰、农群华(女)、陈红娣(女)
1992年	田玉梅(女)、肖业华(女)、农群华(女)、黄华(女)、冯振仁
1995年	唐锦波、张祥森、唐灵生
1996年	唐灵生
1998年	吴艳艳(女)、李勇、蓝世章、秦艺源(女)、卢永德、杨国荣、陈红娣(女)、吴纪才
2002年	阳玉琼(女)、周蜜(女)、黄楠雁(女)

1984年广西参加第23届奥运会的运动员

全国十佳运动员　国家体育荣誉称号。1979年，中国体育记者协会所属30余家新闻媒体1979年起联合评选。每年评选1次。至2003年共评选23次。广西运动员有14人次人选：吴数德(5次)、李宁(4次)、韦晴光(1次)、莫慧兰(2次)、谈舒萍(1次)、张祥森(1次)。

广西入选全国十佳的运动员：①吴数德；②李宁；③莫慧兰；④韦晴光；⑤谈舒萍；⑥张祥森

20世纪世界最杰出运动员　国际体育荣誉称号。1999年国际体育记者协会为庆祝成立75周年而评选。共产生25名。广西男子体操运动员李宁获得，是中国唯一入选的运动员。颁奖典礼于1999年6月26日在匈牙利首都布达佩斯举行。

跋

　　广西竞技体育曾经有过激动人心的辉煌。李宁、吴数德、韦晴光、唐灵生、李婷、陆永等一串熠熠闪光的名字，他们为中国体育争光，赢得了荣誉，也令广西人引以为豪。如今，广西已坚定了奋起重振体育雄风的夙愿和决心，又燃起了人们的希望和信心。回顾过去，展望未来，激情涌起，我们决意编纂出版冠之以"巅峰·辉煌：广西体育十大系列丛书"，《广西体坛十大风云人物》便是这套丛书的第二册。

　　本书介绍的广西体坛十大风云人物，既有李宁等上述6位奥运会金牌获得者，也有梁戈亮、吴艳艳、莫慧兰、农群华4位具有代表性的世界冠军。这些运动员所代表的运动项目突显了广西竞技体育在举重、体操、乒乓球、跳水、游泳、羽毛球等"灵、小、短、水"上的强项优势。广西技巧队以及艺术体操、田径短跑、蹼泳、水球、射箭、蹦床、武术和无线电测向队的自由飞模型等优势项目，曾经在国内外比赛中夺得1380多个世界冠军和全国冠军的我区大批优秀运动员，囿于"十大"所限，十分遗憾地未能列入"十大"之列，但他们的业绩和英名将永远被人们崇敬铭记。

　　编纂出版本书，广西体育局领导高度重视，特地成立了编委会。在容小宁局长的指导下，李武斌同志负责全书的编纂策划、组稿和谋篇布局以及文字修改统稿工作。由容小宁局长终审定稿。刘止平、邹智臻同志进行十大人物文字撰稿工作，广西体育局相关处室及有关同志提供了图片等资料，包括杨子华、宋琦华同志的排版设计等所做的工作，在此对他们一并深表谢忱。

　　本书的编辑出版，我们力图以内容翔实、亮点突出、图文并茂、生动形象的特点呈现在读者面前，只是因为时间仓促，加上编者水平有限，书中错漏和不妥之处在所难免，敬请读者批评指正。

"巅峰·辉煌：广西体育十大系列丛书"编委会

2010年5月30日